PROJETO DE VIDA

TEORIA E PRÁTICA NA CONSTRUÇÃO DE PROJETOS COM PROFESSORES E ALUNOS

Roberta Amendola

Organizadora

© Roberta Amendola (org.)

Direção editorial
Marcelo Duarte
Patth Pachas
Tatiana Fulas

Gerente editorial
Vanessa Sayuri Sawada

Assistentes editoriais
Henrique Torres
Laís Cerullo

Assistente de arte
Samantha Culceag

Consultoria pedagógica
Shirley Souza

Projeto gráfico e capa
Marcello Araujo

Ilustração de capa
Maria Eugenia

Diagramação
Elis Nunes

Preparação
Vanessa Oliveira Benassi

Revisão
Beatriz de Freitas Moreira
Gabriel Provinzano
Ronald Polito

Impressão
Corprint

CIP-BRASIL. CATALOGAÇÃO NA PUBLICAÇÃO
SINDICATO NACIONAL DOS EDITORES DE LIVROS, RJ

P958

Projeto de vida: teoria e prática na construção de projetos com professores e alunos / organização Roberta Amendola. – 1. ed. – São Paulo: Panda Educação, 2024. 23 cm.

ISBN: 978-65-88457-17-7

1. Educação. 2. Professores – Formação. 3. Prática de ensino. I. Amendola, Roberta.

24-89280
CDD: 370.71
CDU: 37.026

Meri Gleice Rodrigues de Souza – Bibliotecária – CRB-7/6439

2024
Todos os direitos reservados à Panda Educação.
Um selo da Editora Original Ltda.
Rua Henrique Schaumann, 286, cj. 41
05413-010 – São Paulo – SP
Tel./Fax: (11) 3088-8444
edoriginal@pandabooks.com.br
www.pandabooks.com.br
Visite nosso Facebook, Instagram e Twitter.

FSC
www.fsc.org
MISTO
Papel | Apoiando uma gestão florestal responsável
FSC® C121203

Nenhuma parte desta publicação poderá ser reproduzida ou compartilhada por qualquer meio ou forma sem a prévia autorização da Editora Original Ltda. A violação dos direitos autorais é crime estabelecido na Lei nº 9.610/98 e punido pelo artigo 184 do Código Penal.

Às pessoas que motivam todas as dimensões do meu projeto de vida: meus pais, Carmen e Adalberto, a origem e o presente da minha vida pessoal; os pequenos Henrique, Catarina e Miguel, o futuro e a razão do meu engajamento social; a amiga e incentivadora Shirley Souza, com quem aprendo como profissional; os professores e editores, que inspiraram meu propósito, os educadores e amigos, que escreveram estas páginas, e aqueles que as lerão. Que juntos projetemos vidas e concretizemos futuros.

SUMÁRIO

7 PREFÁCIO, *José Moran*

9 INTRODUÇÃO **Projeto de Vida: projetar e lidar com o acaso e as adversidades**
Roberta Amendola

17 CAPÍTULO 1. **Projeto de Vida: histórico dos documentos e materiais nacionais**
Roberta Amendola

30 CAPÍTULO 2. **O projeto de vida do professor: qual é o seu?**
Roberta Amendola

49 CAPÍTULO 3. **Psicologia e Projeto de Vida: explorando nossas capacidades positivas**
Marta Ferragut e Margarita Ortiz-Tallo

69 CAPÍTULO 4. **Protagonismo juvenil e Projeto de Vida: o jovem se conhece e caminha sua própria jornada**
Petrina Santos

96 CAPÍTULO 5. **Pedagogia da Presença e Projeto de Vida – Professor: presente!**
Carmen Luiza Amendola

117 CAPÍTULO 6. **Linguagens e suas Tecnologias e Projeto de Vida**
Roberta Amendola

136 CAPÍTULO 7. **Matemática e suas Tecnologias e Projeto de Vida**
Fabio Martins de Leonardo

163 CAPÍTULO 8. **Ciências da Natureza e suas Tecnologias e Projeto de Vida**
Beatriz Antoniassi

182 CAPÍTULO 9. **Ciências Humanas e Sociais Aplicadas e Projeto de Vida**
Jairo César Alves

202 CAPÍTULO 10. **Motivação e Projeto de Vida: autoeficácia e autorregulação**
Roberta Amendola

216 CONSIDERAÇÕES FINAIS, *Roberta Amendola*

219 OS AUTORES

PREFÁCIO

José Moran[1]

Minha formação básica aconteceu em colégios religiosos na Espanha. Foi bastante conteudista, mas com forte ênfase no desenvolvimento de valores humanos e morais. Aprendi com o tempo a pensar mais criticamente, a questionar visões de mundo mais fechadas e simplistas e a fazer escolhas progressivamente mais coerentes em cada etapa da vida, no meio de muitas incertezas e contradições.

Como docente procurei contribuir para uma educação integral dos alunos, com aulas participativas, problematizadoras e humanizadoras, focadas no presente e no futuro, a partir da interface entre a comunicação e a educação.

Um dos autores inspiradores foi o psicólogo humanista Carl Rogers, que defende a aprendizagem em ambientes de confiança e acolhimento, respeitando a individualidade de cada um na busca do desenvolvimento do seu potencial. Também me ajudou a perceber que a vida pode ser o projeto principal de aprendizagem, em cada etapa, inclusive na fase final do envelhecimento, onde me encontro atualmente.

Educar, no sentido mais amplo, é ajudar cada pessoa a aprender a viver com significado e relevância, em cada momento, da melhor forma possível e em todas as dimensões: cognitivas, socioemocionais, éticas, profissionais e cidadãs. O projeto de vida é um caminho importante para que crianças e jovens encontrem – num clima de confiança, acolhimento e colaboração – relevância, sentido e propósito em tudo o que aprendem dentro e fora da escola.

As instituições educacionais interessantes desenham uma política de orientação dos alunos para que se autoconheçam e desenvolvam seu potencial. O Projeto de Vida é um componente curricular importante, que

---

[1] Professor, escritor e pesquisador de projetos educacionais inovadores. Autor do blog Educação Transformadora (eca.usp.br/moran).

visa promover a convergência entre os interesses e paixões de cada aluno com suas qualidades, história e contexto. Os projetos estimulam a busca de uma vida com significado e útil pessoal e socialmente, e, como consequência, ampliam a motivação profunda para aprender e evoluir em todas as dimensões. Não são roteiros fechados, mas abertos, adaptados às necessidades de cada um. São projetos porque estão em construção, se refazem, modificam e têm dinâmicas que ajudam a rever o passado, a situar-se no presente e a projetar algumas dimensões do futuro. Uma das formas de trabalhá-lo é com a metodologia de *Design Thinking*, focando a empatia, a criação de ambientes afetivos e de confiança, em que cada aluno pode expressar-se e contar seu percurso, dificuldades, expectativas e ser orientado para encontrar uma vida com significado e desenhar seu projeto de futuro.

O projeto de vida não acontece no vazio, mas dentro de modelos de sociedade com visões e valores diferentes, mais individualistas ou inclusivos, mais consumistas ou socialmente responsáveis. Vivemos em um período de grandes avanços tecnológicos e de desigualdades gritantes; em um mundo fi-digital, com inteligência artificial, com perspectivas de transformações profundas e, ao mesmo tempo, com dificuldades em encontrar o equilíbrio, superar o imediatismo, a ansiedade e muitas formas de dependência.

Este livro mostra, nos primeiros capítulos, o histórico e as bases do projeto de vida, sua proposição teórica para fundamentar a prática com os alunos e sugestões de reflexões para construir ou atualizar o seu próprio projeto de vida. Depois, apresenta propostas de atividades relacionando Projeto de Vida às quatro Áreas do Conhecimento previstas na BNCC para o Ensino Médio. É muito útil e necessário, e escrito por professores com muita experiência didática e excelente fundamentação teórica. Parabéns a Roberta Amendola, a todos os autores e a cada um dos leitores.

INTRODUÇÃO

PROJETO DE VIDA: PROJETAR E LIDAR COM O ACASO E AS ADVERSIDADES

Roberta Amendola

Quando se fala em Projeto de Vida (PV),[1] muitas vezes surgem questionamentos deterministas e pessimistas: por que vou projetar algo se não sei o que vai acontecer comigo? De que adianta fazer planos se a vida muda o tempo todo? E se eu planejar e não der certo? Como vou alcançar esse objetivo se minha realidade oferece tantos desafios?

Partir dessa visão de mundo e da própria capacidade de realizar o que se deseja é contribuir para a desmotivação e a não realização. É fato que a vida apresenta eventos fortuitos e que eles interferem diretamente nos nossos planos, que não temos controle sobre todas as circunstâncias e que as condições socioeconômicas de muitas pessoas são realmente desafiadoras. No entanto, aceitar essa realidade e não tentar transformá-la contribui para a manutenção de um ciclo sem perspectivas e sem motivação.

Não se pretende nesta obra – nem na área de Projeto de Vida – oferecer discursos motivacionais vazios ou de "autoajuda", mas subsídios para embasar o conhecimento de si e possibilidades de se desenvolver com base na educação, nos próprios saberes e potencialidades para encarar e gerenciar as adversidades e o acaso, deixando de ser apenas um produto do entorno para se tornar um agente dele.

Há um ambiente físico e socioestrutural que é imposto sobre as pessoas, gostem elas ou não. As pessoas não têm muito controle sobre

---

1 Nesta obra adotamos como padrão empregar "Projeto de Vida" (com as iniciais maiúsculas) quando nos referimos à unidade curricular ou à área teórica. Ao tratar dos projetos em si, optamos pela escrita com iniciais minúsculas. Em ambos os casos, usamos a sigla PV.

a sua presença, mas têm liberdade na maneira como o interpretam e reagem a ele. (BANDURA, 2008, p. 24)

O acaso, o não planejado, o que a princípio parece indesejado e o contexto desfavorável podem ser ressignificados e até se transformarem em objetivos de vida. Estar preparado para a realidade que se apresenta e ser resiliente às mudanças de planos e frustrações são demandas da sociedade atual, inconstante e imprevisível, que vivenciamos todos os dias. No entanto, "estar preparado" não é sinônimo de passividade:

> A casualidade não implica falta de controle de seus efeitos. As pessoas podem fazer as coisas acontecerem, buscando uma vida ativa que aumente o número e o tipo de encontros fortuitos que terão. O acaso favorece os inquisitivos e os aventureiros, que frequentam lugares, fazem coisas e exploram novas atividades. As pessoas também fazem o acaso trabalhar para elas, cultivando seus interesses, possibilitando crenças e competências. Esses recursos pessoais possibilitam que tirem o máximo das oportunidades que surgem de forma inesperada. Pasteur colocou isso muito bem quando disse que: "o acaso somente favorece as mentes preparadas". O autodesenvolvimento ajuda as pessoas a moldarem as circunstâncias de suas vidas. Essas diversas atividades proativas ilustram o controle da casualidade por meio da agência. (BANDURA, 2008, p. 24-26)

Essa agência, a atitude de ser agente da própria vida, é a base do Projeto de Vida. Preparar-se para ela, conhecer-se e nutrir-se de conhecimentos são formas de fazer o acaso trabalhar para si, como afirma o psicólogo canadense Albert Bandura, autor da Teoria Social Cognitiva (TSC), que se baseia em motivação e na percepção que uma pessoa tem de si e da sua capacidade de realizar algo (a autoeficácia). Esse e outros conceitos relativos à motivação serão retomados ao longo da obra e, em especial, no Capítulo 10.

Esclarecido que Projeto de Vida parte do real, do adverso e do incerto para o planejamento e a adaptação, podemos começar a trajetória de nos prepararmos para ele e para a vida que queremos ter. Ela pode, sim, ser diferente do que esperamos – mas por que não melhor?

Um convite ao (auto)estudo

Como educador e professor de Projeto de Vida, você pode se questionar sobre como motivar a si mesmo e aos seus alunos nesse caminho de análise do presente e planejamento do futuro.

Como aprendiz que foi – e sempre será –, assumirá que antes de ensinar um conteúdo precisa aprendê-lo. Em todas as Áreas do Conhecimento da Base Nacional Comum Curricular (BNCC) (BRASIL, 2018), nós, educadores, dedicamos anos à nossa formação universitária e a cursos livres, de extensão ou de especialização. Para ensinar PV não é diferente: é preciso entender as principais bases teóricas da área, assim como conhecer as práticas que viabilizam a construção e a implementação de projetos de vida realistas e eficazes.

Mas como aprender sobre Projeto de Vida para poder ensinar? Da mesma forma que nas demais áreas: estudando e compartilhando conhecimentos e, principalmente, *vivenciando-os*. Nesta obra, convidamos você, colega professor, a refletir sobre a sua vida e a elaborar ou adaptar um projeto para ela, a fim de que sua prática profissional seja baseada nos seus novos conhecimentos e na sua experiência pessoal com PV.

O caminho de (auto)estudo proposto aqui é traçado com conhecimentos alinhados à Base Nacional Comum Curricular (BRASIL, 2018) e à Base Nacional Comum – Formação Continuada (BNC) (BRASIL, 2020); às orientações para a implementação do Novo Ensino Médio; aos saberes e referenciais teóricos sobre Projeto de Vida; à Pedagogia; à Psicologia; e às Áreas do Conhecimento abordadas de forma transdisciplinar. Essas são referências em Educação que provavelmente você conhece e poderá ressignificar com a perspectiva do PV. Mas esse caminho de (auto)estudo é traçado principalmente pelas suas vivências e pela sua bagagem acadêmica e profissional, que são a base sobre a qual os novos caminhos serão trilhados.

Vamos conhecer a obra e como ela pode auxiliá-lo na construção do seu projeto de vida e na sua preparação para a atuação como docente dessa área.

Projeto de Vida nesta obra

Este livro insere-se no contexto de implementação do Novo Ensino Médio alinhado à BNCC e, consequentemente, nos primeiros anos de prática de Projeto de Vida como unidade curricular obrigatória em todo o país. Se até então a área contava com poucos estudos e recursos, com a distribuição dos livros do Programa Nacional do Livro Didático (PNLD) a escolas públicas de todo o país, assim como com o uso de obras de PV no setor educacional privado, um novo cenário começa a se configurar quanto aos materiais para docentes e discentes.

Diferentemente da maioria das publicações sobre PV até então, esta obra visa oferecer reflexões e sugestões de atividades práticas voltadas à formação e à atuação do docente de Projeto de Vida, partindo das suas vivências pessoais e sociais e da sua experiência como educador de outros componentes curriculares ou em diferentes esferas da educação.

Assim, com o intuito de convidar os professores a pensarem sobre suas vidas com base nos referenciais teóricos de PV que lhes serão úteis em suas classes, surgiu a proposta desta obra. Para poder apresentar os diferentes vieses teóricos e os pontos de partida de cada Área do Conhecimento, convidei uma equipe de especialistas nas diferentes áreas, com vivências profissionais em contextos variados: educação formal e informal, produção de conteúdos educacionais, Educação Básica, educação universitária, corporações do terceiro setor e organizações não governamentais. Cada um trouxe sua experiência, seus saberes e sua voz para compartilhar atividades práticas de PV embasadas em referenciais teóricos que possam contribuir para a formação do docente e a aplicação em sala de aula, sem requerer recursos materiais de alto custo ou processos complexos.

Foram mantidas as formas de expressão de cada autor, para preservar sua identidade e não "padronizar" seus discursos. Afinal, de que falamos em Projeto de Vida se não da nossa história individual? Dessa forma, os textos possuem diferentes pontos de partida e de chegada, ora mais práticos, ora mais teóricos, alguns mais voltados ao docente e outros aplicáveis tanto a ele quanto aos seus estudantes, mas todos com o mesmo objetivo de contribuir para o seu desenvolvimento pessoal e profissional, proporcionando reflexões e compartilhamento de experiências. As vivências dos autores são pessoais, mas podem ser replicáveis a outros contextos, sempre adaptados à realidade de cada escola, de cada professor, de cada aluno.

A obra possui um eixo que norteou a elaboração de todos os capítulos: a construção de projetos de vida de alunos e professores, a partir de diferentes práticas e teorias. Eles foram escritos exclusivamente para esta publicação, não se tratando de adaptações de textos científicos. Sua linguagem, portanto, é leve e fiel a como os autores desejaram se expressar, dando diferentes graus de pessoalidade e embasamento.

Ao final da proposta de cada especialista, há uma seção denominada "Seu projeto de vida", na qual estabelecemos relações entre a atividade apresentada e a construção do PV dos próprios docentes leitores; sim, a obra conversa com você como indivíduo e como profissional. Afinal, como já diria a BNCC, somos seres integrais: é impossível dissociar nossa história de vida da nossa profissão.

Os primeiros capítulos oferecem uma introdução à área de PV, além de embasamento teórico e atividades com ênfase na construção do seu projeto de vida, com indicações de como adaptá-las ao trabalho em sala com os alunos. Os Capítulos de 6 a 9 relacionam o PV a cada Área do Conhecimento do Ensino Médio, oferecendo propostas de atividades que inter-relacionam os saberes das áreas com a construção do PV, visando o desenvolvimento integral de alunos e professores. Por fim, o Capítulo 10 retoma e aprofunda alguns aspectos abordados nesta introdução referentes à motivação.

A leitura desta obra pode ser feita de forma linear ou a partir dos seus interesses. Aproprie-se dela, identifique quais conhecimentos mais o motivam e escolha por quais capítulos começar.

No Capítulo 1, apresentamos um breve histórico sobre o surgimento e a evolução do Projeto de Vida nos documentos oficiais nacionais, com o objetivo de situar o leitor no marco histórico que embasa essa nova unidade curricular.

No Capítulo 2, propomos questões norteadoras para a construção do projeto de vida do professor, oferecendo noções sobre propósito; as dimensões de PV (pessoal, social e profissional); e a relação entre elas e as Competências Gerais 6, 8 e 10 da BNCC (BRASIL, 2018) e da BNC – Formação Continuada (BRASIL, 2020), tanto para alunos quanto para docentes.

O Capítulo 3 apresenta as contribuições da Psicologia para o autoconhecimento e a construção da dimensão pessoal de projetos de vida com base na identificação de forças psicológicas e em vivências de resgate de identidade e história de vida, que podem influenciar escolhas da dimensão profissional.

No Capítulo 4, a autora compartilha sua experiência em desenvolvimento do protagonismo juvenil em contextos educativos não formais a partir de atividades práticas baseadas na adaptação da metodologia de *Design Thinking*, na construção da Matriz FOFA (Forças, Oportunidades, Fraquezas e Ameaças), e nas bases do Desenvolvimento Humano Sustentável, que podem ser aplicadas à elaboração do PV de alunos e professores.

Já o Capítulo 5 apresenta uma vivência baseada na proposta da Pedagogia da Presença, na qual a educadora conduziu os alunos de um contexto de vulnerabilidade social a refletirem sobre suas perspectivas a partir da narrativa da sua vida e da preparação para o ingresso no mercado de trabalho, além de ressignificar as relações entre docente e discentes, proporcionando reflexões para a construção da dimensão profissional do PV do professor.

No Capítulo 6, apresentamos a relação entre a área de Linguagens e suas Tecnologias e PV por meio do currículo de vida construído em linguagem artística, que proporciona uma reflexão sobre o papel da escola na articulação entre vivências e saberes criados dentro e fora dela, promovendo o autoconhecimento e a preparação para a construção de projetos de vida.

O Capítulo 7 apresenta de forma acessível a relação entre a área de Matemática e suas Tecnologias e PV por meio de uma sequência didática baseada na metodologia ativa de Aprendizagem Baseada em Projetos, em empreendedorismo juvenil e em conceitos matemáticos, como pensamento computacional, pesquisa estatística e juros compostos.

Já no Capítulo 8, a educadora universitária apresenta as relações entre a área de Ciências da Natureza e suas Tecnologias e PV com base nas noções de responsabilidade cidadã, partindo dos Objetivos de Desenvolvimento Sustentável da Organização das Nações Unidas e da relação entre eles e a BNCC, com propostas de intervenção e reflexões para a construção de projetos de vida sustentáveis.

O Capítulo 9 relata duas experiências educativas nas aulas de Projeto de Vida em uma escola pública, com base nos conhecimentos da área de

Ciências Humanas e Sociais Aplicadas, a partir do tratamento de questões de protagonismo, autoestima e combate ao *bullying* na perspectiva da formação ética e do acolhimento das juventudes.

No Capítulo 10, apresentamos os construtos de autoeficácia e autorregulação, que determinam a motivação de alunos e professores na construção e implementação de seus projetos de vida, destacando a importância dos comportamentos e dos fatores internos e externos que interferem nos cursos da vida.

Por fim, nas "Considerações finais", retomamos as reflexões propostas ao longo da obra sobre o que é Projeto de Vida e o que é ser educador de PV.

Nesta obra não tratamos das relações entre PV e Itinerários Formativos e Formação Técnica e Profissional, em razão da especificidade dessas áreas: ao terem como premissa para sua oferta a realidade local das comunidades, os recursos humanos e materiais das redes e de suas escolas e os anseios dos jovens de cada região, essas formações se traduzem em percursos diversificados que demandariam análises de suas especificidades, o que escapa ao escopo desta publicação. No entanto, é fundamental reconhecer a importância da construção de projetos de vida realistas, que interfiram nas escolhas de itinerários e formações especializadas, com base nos objetivos de cada aluno e nas ofertas de cada unidade escolar. Neste livro nos detivemos nas Áreas do Conhecimento comuns a todos os contextos escolares e em como os docentes podem, a partir dos seus conhecimentos sobre elas e dos saberes de PV, direcionar seus projetos e os de seus alunos.

Esta obra não visa substituir formações livres, acadêmicas ou estudos autônomos, muito menos a valiosa experiência de cada profissional. Ela se soma aos saberes disponíveis e adquiridos com o objetivo de oferecer subsídios para uma reflexão pessoal e um fazer pedagógico engajado, presente e eficaz.

Esperamos humildemente contribuir com a sua prática. Vivencie o livro e, se desejar, entre em contato conosco para trocar impressões, compartilhar dúvidas e experiências sobre Projeto de Vida através do e-mail projetodevida.ensinomedio@gmail.com.

Boa leitura e sucesso na construção do seu projeto de vida!

Referências

BANDURA, Albert. A evolução da teoria social cognitiva. *In*: BANDURA, Albert; AZZI, Roberta Gurgel; POLYDORO, Soely. *Teoria social cognitiva*: conceitos básicos. Porto Alegre: Artmed, 2008. p. 24-26.

BRASIL. *Base Nacional Comum Curricular*. Brasília, DF: MEC, 2018.

_____. Ministério da Educação. *Resolução CNE/CP nº 1, de 27 de outubro de 2020*. Dispõe sobre as Diretrizes Curriculares Nacionais para a Formação Continuada de Professores da Educação Básica e institui a Base Nacional Comum para a Formação Continuada de Professores da Educação Básica (BNC-Formação Continuada). Brasília, DF: MEC, 2020.

CAPÍTULO 1

PROJETO DE VIDA: HISTÓRICO DOS DOCUMENTOS E MATERIAIS NACIONAIS

Roberta Amendola

Embora a área de Projeto de Vida tenha ganhado relevância nos currículos escolares nacionais apenas com a publicação da BNCC, em 2018, documentos anteriores já destacavam a importância de se preparar os alunos para o presente e o futuro, contribuindo para que fizessem escolhas éticas, responsáveis e sustentáveis.

A seguir, apresentamos brevemente a trajetória de Projeto de Vida nos documentos oficiais até a implantação do Novo Ensino Médio.

Projeto de Vida e os principais documentos oficiais

Desde o planejamento até a implementação do Novo Ensino Médio, diversos documentos legais foram atualizados ou publicados para direcionar redes estaduais e municipais, escolas privadas, gestores, professores, alunos e familiares sobre as mudanças na organização desse segmento escolar. Vamos percorrer a trajetória de Projeto de Vida nesses documentos.

As Diretrizes Curriculares Nacionais Gerais da Educação Básica (DCN), de 2013, já mencionavam Projeto de Vida no capítulo referente ao Ensino Médio, assim como nos textos dedicados à Educação Profissional Técnica de Nível Médio, à Educação para Jovens e Adultos em situação de privação de liberdade nos estabelecimentos penais, e à Educação Escolar Quilombola.

Em 2017, a Lei nº 13.415 alterou a Lei de Diretrizes e Bases da Educação (LDB), de 1996, e incluiu no artigo 35-A o seguinte parágrafo:

> § 7º Os currículos do ensino médio deverão considerar a formação integral do aluno, de maneira a adotar um trabalho voltado para a construção de seu *projeto de vida* e para sua formação nos aspectos físicos, cognitivos e socioemocionais. (BRASIL, 2017, grifo nosso)

Em 2018, o Ministério da Educação (MEC), por meio do Conselho Nacional de Educação (CNE), atualizou as Diretrizes Curriculares Nacionais para o Ensino Médio (DCNEM) com a Resolução nº 3, de 21 de novembro. Nelas, ampliou e acrescentou parágrafos referentes à educação integral, protagonismo juvenil e projeto de vida – entre outros aspectos relacionados à composição dos currículos da Formação Geral Básica e dos Itinerários Formativos:

> Art. 5º O ensino médio em todas as suas modalidades de ensino e as suas formas de organização e oferta, além dos princípios gerais estabelecidos para a educação nacional no art. 206 da Constituição Federal e no art. 3º da LDB, será orientado pelos seguintes princípios específicos:
> I – *formação integral* do estudante, expressa por valores, aspectos físicos, cognitivos e socioemocionais;
> II – *projeto de vida* como estratégia de reflexão sobre trajetória escolar na construção das dimensões pessoal, cidadã e profissional do estudante; [...]
> Art. 6º Para fins de obtenção de maior clareza de exposição, ficam definidos os seguintes termos utilizados na presente Resolução:
> I – *formação integral*: é o desenvolvimento intencional dos aspectos físicos, cognitivos e socioemocionais do estudante por meio de processos educativos significativos que promovam a autonomia, o comportamento cidadão e o *protagonismo* na construção de seu *projeto de vida*; [...]
> Art. 8º As propostas curriculares do ensino médio devem:
> V – considerar a *formação integral* do estudante, contemplando seu *projeto de vida* e sua formação nos aspectos físicos, cognitivos e socioemocionais; [...]
> Art. 12. A partir das áreas do conhecimento e da formação técnica e profissional, os itinerários formativos devem ser organizados, considerando:

> § 7º A critério dos sistemas de ensino, os currículos do ensino médio podem considerar competências eletivas complementares do estudante como forma de ampliação da carga horária do itinerário formativo escolhido, atendendo ao *projeto de vida* do estudante; [...]
> Art. 27. A proposta pedagógica das unidades escolares que ofertam o ensino médio deve considerar:
> XXIII – o *projeto de vida e carreira* do estudante como uma estratégia pedagógica cujo objetivo é promover o autoconhecimento do estudante e sua dimensão cidadã, de modo a orientar o planejamento da carreira profissional almejada, a partir de seus interesses, talentos, desejos e potencialidades. (BRASIL, 2018c, grifos nossos)

Outros textos legais, como portarias e resoluções, também trataram brevemente sobre o Ensino Médio e Projeto de Vida. No entanto, foi a publicação da BNCC, cujas elaboração e homologação foram concluídas em 2018, que consolidou o PV alinhado ao compromisso da educação contemporânea com a formação integral dos alunos.

A BNCC refletiu-se diretamente no Guia de Implementação do Novo Ensino Médio (BRASIL, 2018b), que estabeleceu direcionamentos para flexibilizar parte do currículo adaptando-o aos interesses e às escolhas dos alunos e conferiu ao Projeto de Vida o status de unidade curricular obrigatória:

> Unidades curriculares são os elementos com carga horária predefinida cujo objetivo é desenvolver competências específicas, seja da formação geral básica, seja dos itinerários formativos. Além da tradicional organização por disciplinas, as redes e escolas podem escolher criar unidades que melhor respondam aos seus contextos e às suas condições, como projetos, oficinas, atividades e práticas contextualizadas, entre outras situações de trabalho. (BRASIL, 2018b, p. 14)

Além de apresentar direcionamentos para a modalidade de oferta, o Guia de Implementação do Novo Ensino Médio reiterou a importância do Projeto de Vida como fator de engajamento estudantil desde o primeiro ano, estabeleceu a necessidade de espaços e tempos específicos para ele e recomendou sua aplicação desde os Anos Finais do Ensino Fundamental:

7. Garantir carga horária dos itinerários ou do projeto de vida desde o início do Ensino Médio

Considerando que as maiores taxas de abandono e reprovação são no 1º ano do Ensino Médio, é ideal que a possibilidade de escolha e o desenvolvimento do projeto de vida estejam presentes já desde o início, a fim de atender às expectativas e necessidades dos estudantes. A distribuição da carga horária dos itinerários ao longo dos três anos facilita ainda a organização dos estudantes por grupos de interesse e não por agrupamentos seriados, o que impacta positivamente no engajamento e na preferências [sic] dos jovens.

8. Garantir condições e espaços para orientação do projeto de vida do estudante

Para assegurar a orientação e o acompanhamento dos jovens no processo de escolha de seu projeto de vida, como previsto na Lei 13.415/17, é importante garantir espaços e tempos específicos na carga horária das escolas para a orientação e monitoramento do projeto de vida dos estudantes. Espera-se que essa orientação esteja presente também desde os anos finais do Ensino Fundamental, para que seja aprofundada e consolidada ao longo do Ensino Médio, de preferência por meio da oferta de unidades curriculares voltadas especificamente para isso. (BRASIL, 2018b, p. 43)

Com base no exposto, é possível perceber que não há um único formato para o trabalho com Projeto de Vida nas escolas; ele pode ser ofertado como uma oficina dentro de um Itinerário Formativo, como um laboratório ou até mesmo reunir todas essas modalidades de unidades curriculares dentro de uma disciplina. Cabe às escolas e às secretarias de ensino decidir como ele será ofertado.

Projeto de Vida na BNCC

A partir da publicação da BNCC e do Novo Ensino Médio, o Projeto de Vida passou a ser obrigatório na formação dos estudantes de todas as escolas, com foco na análise de possibilidades e elaboração de planos para os possíveis caminhos que eles seguirão. Se a tônica do Novo Ensino Médio é a flexibilização dos percursos educativos para se alinhar aos objetivos de cada aluno, como prepará-los para identificar esses objetivos e traçar uma rota escolar alinhada a eles? Com Projeto de Vida.

Por ser o eixo que personaliza a vida escolar e permeia toda a BNCC, Projeto de Vida é tratado nela em diferentes partes. Já na apresentação há uma referência a sua importância:

> Com a Base, vamos garantir o conjunto de aprendizagens essenciais aos estudantes brasileiros, seu desenvolvimento integral por meio das dez competências gerais para a Educação Básica, apoiando as escolhas necessárias para a concretização dos seus projetos de vida e a continuidade dos estudos. (BRASIL, 2018a, p. 5)

Projeto de Vida é apresentado na BNCC como um eixo que permeia todas as Áreas do Conhecimento e os Itinerários Formativos porque ele deve nortear todas as escolhas acadêmicas e profissionais dos estudantes. Tamanha é sua relevância que, entre as Competências Gerais da Educação Básica, há uma dedicada exclusivamente a ele:

> 6. Valorizar a diversidade de saberes e vivências culturais e apropriar-se de conhecimentos e experiências que lhe possibilitem entender as relações próprias do mundo do trabalho e fazer escolhas alinhadas ao exercício da cidadania e ao seu projeto de vida, com liberdade, autonomia, consciência crítica e responsabilidade. (BRASIL, 2018a, p. 9)

Além dessa competência geral, Projeto de Vida está diretamente relacionado a outras que tratam de autoconhecimento e competências socioemocionais, em especial a 8 – Autoconhecimento e autocuidado, e a 10 – Responsabilidade e cidadania.

> 8. Conhecer-se, apreciar-se e cuidar de sua saúde física e emocional, compreendendo-se na diversidade humana e reconhecendo suas emoções e as dos outros, com autocrítica e capacidade para lidar com elas.

> 10. Agir pessoal e coletivamente com autonomia, responsabilidade, flexibilidade, resiliência e determinação, tomando decisões com base em princípios éticos, democráticos, inclusivos, sustentáveis e solidários. (BRASIL, 2018a, p. 10)

Como visto, nosso objeto de estudo nesta obra permeia toda a BNCC e trata de diversos aspectos que caracterizam o Novo Ensino Médio, como a Educação Integral (BRASIL, 2018a, p. 14).

A BNCC também menciona a transição do Ensino Fundamental, cuja base são o protagonismo e a autoria, para o Ensino Médio, no qual esses princípios se consolidam na construção de projetos de vida:

> Nessa direção, no Ensino Fundamental – Anos Finais, a escola pode contribuir para o delineamento do projeto de vida dos estudantes, ao estabelecer uma articulação não somente com os anseios desses jovens em relação ao seu futuro, como também com a continuidade dos estudos no Ensino Médio. Esse processo de reflexão sobre o que cada jovem quer ser no futuro, e de planejamento de ações para construir esse futuro, pode representar mais uma possibilidade de desenvolvimento pessoal e social. (BRASIL, 2018a, p. 62)

Projeto de Vida também é mencionado no item "As juventudes e o Ensino Médio", relacionando-o ao protagonismo, tônica da BNCC:

> Considerar que há muitas juventudes implica organizar uma escola que acolha as diversidades, promovendo, de modo intencional e permanente, o respeito à pessoa humana e aos seus direitos. E mais, que garanta aos estudantes ser protagonistas de seu próprio processo de escolarização, reconhecendo-os como interlocutores legítimos sobre currículo, ensino e aprendizagem. Significa, nesse sentido, assegurar-lhes uma formação que, em sintonia com seus percursos e histórias, permita-lhes definir seu projeto de vida, tanto no que diz respeito ao estudo e ao trabalho como também no que concerne às escolhas de estilos de vida saudáveis, sustentáveis e éticos. (BRASIL, 2018a, p. 463)

Outro aspecto muito importante apresentado na BNCC é a visão de que o Projeto de Vida deve acolher todos os jovens e suas diferentes expectativas e incentivar que tenham objetivos claros, além de prepará-los para alcançar esses objetivos, mesmo que eles sejam "grandiosos" e, a princípio, pareçam "impossíveis"; todos os alunos devem construir projetos de vida e ter meios para realizá-los, "independentemente de suas características pessoais, seus percursos e suas histórias" (BRASIL, 2018a, p. 465). Isso não significa que devem ser incentivados projetos destrutivos ou antissociais (DAMON, 2009, p. 59), que visem causar danos ao próprio jovem e à sociedade,[1] mas que é preciso trabalhar com eles na construção de sua identidade pessoal e social para que possam fazer escolhas responsáveis, éticas e cidadãs. Nesse sentido, o papel da escola é o de contribuir para que viabilizem seus objetivos, tornando-os acessíveis, flexibilizando-os com base em alternativas e oferecendo a preparação básica para o trabalho e a cidadania.

Preparar para a vida e para o mundo do trabalho não é sinônimo de incentivar a profissionalização precoce ou precária dos jovens, em geral associada a necessidades socioeconômicas imediatas. O papel da escola, em especial do Projeto de Vida, é desenvolver

> competências que possibilitem aos estudantes inserir-se de forma ativa, crítica, criativa e responsável em um mundo do trabalho cada vez mais complexo e imprevisível, criando possibilidades para viabilizar seu projeto de vida e continuar aprendendo, de modo a ser [sic] capazes de se adaptar com flexibilidade a novas condições de ocupação ou aperfeiçoamento posteriores. (BRASIL, 2018a, p. 465-466)

Para isso, o Novo Ensino Médio prevê, além da formação por Áreas do Conhecimento, Itinerários Formativos e Formação Técnica Profissional que proporcionarão aos alunos aprofundar e ampliar conhecimentos nas áreas de interesse, ou poder, inclusive, ter conhecimentos específicos que os habilitem para a vida profissional.

Além dessas referências a Projeto de Vida nos textos introdutórios da BNCC e das etapas escolares, nas Competências Específicas e Habi-

---

[1] Segundo Damon (2009, p. 60), "projetos vitais destrutivos ou antissociais podem ter efeitos intensamente motivadores por certo tempo, mas ao final eles se extinguem, seja lentamente, com dúvida e incerteza crescentes, seja subitamente, com atividade autodestrutiva".

lidades das Áreas do Conhecimento do Ensino Médio ele novamente é mencionado, como na Competência Específica 6 de Ciências Humanas e Sociais Aplicadas:

> Participar do debate público de forma crítica, respeitando diferentes posições e fazendo escolhas alinhadas ao exercício da cidadania e ao seu projeto de vida, com liberdade, autonomia, consciência crítica e responsabilidade. (BRASIL, 2018a, p. 570)

A abordagem e a aplicação de PV no âmbito de cada área serão tratadas nos Capítulos 6 a 9 desta obra.

A BNCC apresenta ainda referências indiretas a PV ao tratar de autoconhecimento, carreira, escolhas para o futuro, inserção social e laboral, competências socioemocionais, entre outros temas relacionados ao Ensino Médio e à preparação para a vida adulta, considerando as identidades e vivências das diferentes juventudes.

Após a publicação da BNCC, novos documentos oficiais foram lançados para orientar os docentes e as instituições de Ensino Superior sobre como implementá-la e preparar os profissionais e a comunidade escolar para ela, como veremos a seguir.

BNC, formação de professores e Projeto de Vida

Em 2019, foi publicada a Base Nacional Comum – Formação, que "define as Diretrizes Curriculares Nacionais para a Formação Inicial de Professores para a Educação Básica e institui a Base Nacional Comum para a Formação Inicial de Professores da Educação Básica". No ano seguinte, um documento complementar veio à luz: Base Nacional Comum – Formação Continuada, que "dispõe sobre as Diretrizes Curriculares Nacionais para a Formação Continuada de Professores da Educação Básica e institui a Base Nacional Comum para a Formação Continuada de Professores da Educação Básica". O prazo para a implementação desses direcionamentos em todos os cursos e programas de formação era de dois anos das suas datas de publicação.

Esses documentos dirigidos à formação docente inicial e continuada trouxeram novos caminhos para o fazer pedagógico. Ambos são semelhantes à BNCC, pois visam à Educação Integral por meio do desenvolvimento das competências gerais correspondentes, de competências específicas e habilidades voltadas à formação intelectual, física, cultural, social e emocional dos licenciandos ou docentes em atuação.

A BNC – Formação Continuada esclarece que as competências específicas se referem a três dimensões: conhecimento, prática e engajamento profissional.

> As competências específicas da dimensão do *conhecimento profissional* são as seguintes:
> I – dominar os objetos de conhecimento e saber como ensiná-los; II – demonstrar conhecimento sobre os estudantes e como eles aprendem; III – reconhecer os contextos de vida dos estudantes; e IV – conhecer a estrutura e a governança dos sistemas educacionais.
> As competências específicas da dimensão da *prática profissional* compõem-se pelas seguintes ações: I – planejar as ações de ensino que resultem em efetivas aprendizagens; II – criar e saber gerir os ambientes de aprendizagem; III – avaliar o desenvolvimento do educando, a aprendizagem e o ensino; e IV – conduzir as práticas pedagógicas dos objetos do conhecimento, as competências e as habilidades.
> As competências específicas da dimensão do *engajamento profissional* podem ser assim discriminadas: I – comprometer-se com o próprio desenvolvimento profissional; II – comprometer-se com a aprendizagem dos estudantes e colocar em prática o princípio de que todos são capazes de aprender; III – participar do Projeto Pedagógico da escola e da construção de valores democráticos; e IV – engajar-se, profissionalmente, com as famílias e com a comunidade, visando melhorar o ambiente escolar. (BRASIL, 2019, p. 2, grifos nossos)

Dentre essas competências e habilidades das BNCs, damos especial atenção nesta obra à competência específica da dimensão do engajamento que trata de "comprometer-se com o próprio desenvolvimento profissional" e que está diretamente relacionada ao PV do docente. Esse desenvolvimento constitui um dos fundamentos pedagógicos da BNC – Formação Continuada:

> Desenvolvimento pessoal e profissional integral dos docentes e das equipes pedagógicas, por meio da capacidade de autoconhecimento, da aquisição de cultura geral ampla e plural, da manutenção da saúde física e mental, visando a constituição e integração de conhecimentos, experiências relevantes e pertinentes, competências, habilidades, valores e formas de conduta que respeitam e valorizem a diversidade, os direitos humanos, a democracia e a pluralidade de ideias e de concepções pedagógicas. (BRASIL, 2020, p. 4)

Como visto, o foco da formação docente é o desenvolvimento do professor como indivíduo e como profissional da Educação. O conhecimento de si e da área, as competências, as habilidades e as atitudes são a chave para o crescimento do educador. O educador consciente de si e do seu papel é capaz de refletir sobre o seu PV e contribuir para que os alunos construam o deles.

Entendida a importância da formação profissional, surge a dúvida sobre como trabalhar com Projeto de Vida. Como vimos, os documentos orientadores para a implementação do Novo Ensino Médio disponíveis até o momento não determinam uma forma única de desenvolver PV nas escolas. Do mesmo modo, não apresentam conteúdos mínimos, nem competências ou habilidades específicas para os saberes dessa área.

No entanto, em 2019, com a publicação do Edital de Convocação nº 3/2019, referente ao processo de inscrição e avaliação de obras para o Programa Nacional do Livro Didático (PNLD) 2021, surgiram os primeiros direcionamentos para a construção de um "currículo de vivências" de PV, sobre o qual trataremos a seguir.

Materiais de Projeto de Vida

Na ausência de direcionamentos claros sobre os conteúdos específicos desse componente curricular, um documento que não se dirige diretamente ao grande público docente tornou-se indiretamente um guia para a construção dos primeiros currículos de PV: o edital do PNLD 2021, publicado em 13 de dezembro de 2019.

Periodicamente, o Governo Federal e o Ministério da Educação, através do Fundo Nacional de Desenvolvimento da Educação (FNDE), publicam editais para a seleção, a compra e a distribuição de obras didáticas destinadas a escolas públicas de todo o país. O edital do PNLD 2021, alinhado à BNCC e à implementação do Novo Ensino Médio, é o primeiro a convocar a inscrição de obras de Projeto de Vida e foi o precursor em apresentar orientações sobre a organização dos conteúdos dessa área.

Segundo o edital, seu objetivo é adquirir obras que contribuam para a "formação de jovens capazes de construir uma sociedade mais ética, justa, inclusiva, sustentável e solidária" (BRASIL, 2019, p. 49). As obras são avaliadas com base em critérios eliminatórios comuns a todas, que se referem aos princípios e leis nacionais, e em aspectos editoriais específicos por tipo de material e público-alvo: professor ou aluno.

Nos critérios específicos, foram estabelecidas três dimensões para Projeto de Vida:

> 1.2.1. Portanto, para tornar a construção dos projetos de vida dos estudantes como parte fundante de uma escola que acolhe as juventudes, é preciso considerar a formação desses sujeitos em três dimensões distintas interligados [sic]:
> 1.2.1.1. Autoconhecimento (descoberta de aspirações, interesses, potenciais e desafios pessoais): o encontro consigo, com ênfase na dimensão pessoal.
> 1.2.1.2. Expansão e exploração (reflexão sobre relações sociais e ampliação de horizontes e possibilidades): o encontro com o outro e o mundo, com ênfase na dimensão cidadã.
> 1.2.1.3. Planejamento (construção de caminhos para a vida pessoal, profissional e a ação cidadã): o encontro com o futuro e o nós, com ênfase na dimensão profissional.
> 1.2.2. As obras de Projetos de Vida devem desenvolver as três dimensões supracitadas de forma concatenada ao longo da obra e interligá-las por atividades específicas de transição. (BRASIL, 2019, p. 71)

Para cada uma dessas dimensões, foram estipulados conteúdos que deveriam ser obrigatoriamente abordados nas obras inscritas para avaliação.

Com base nos critérios descritos no edital, foram aprovadas 24 obras de Projeto de Vida, entre elas uma de minha autoria. Esses materiais foram os primeiros a chegar às salas de aula de escolas públicas de todo o país e, indiretamente, passaram a definir os currículos da área também nos colégios privados.

Como visto, Projeto de Vida está em fase inicial de construção de saberes teóricos e práticos no contexto da Educação Básica no Brasil. Novos documentos e materiais devem ser publicados e, aos poucos, vamos juntos tecendo o currículo e o histórico dessa área.

O educador de PV está construindo o caminho ao caminhar, sendo o responsável pelas primeiras sementes em si e nos seus alunos.

No próximo capítulo trataremos especificamente do PV do professor; afinal, para ensinar, é preciso aprender.

Referências

BRASIL. *Base Nacional Comum Curricular*. Brasília, DF: MEC, 2018a.

_____. Lei nº 9.394, de 20 de dezembro de 1996. Lei de Diretrizes e Bases. Estabelece as diretrizes e bases da educação nacional. *Diário Oficial da União*, Brasília, DF, 1996.

_____. Lei nº 13.415, de 16 de fevereiro de 2017. *Diário Oficial da União*, Brasília, DF, 17 fev. 2017. Disponível em: https://www.planalto.gov.br/ccivil_03/_ato2015-2018/2017/lei/l13415.htm. Acesso em: 13 mar. 2023.

_____. Ministério da Educação. *Diretrizes Curriculares Nacionais Gerais da Educação Básica*. Brasília, DF: MEC, 2013.

_____. Ministério da Educação. *Edital de Convocação nº 03/2019 – CGPLI*. Edital de convocação para o processo de inscrição e avaliação de obras didáticas, literárias e recursos digitais para o programa nacional do livro e do material didático PNLD 2021. Brasília, DF: MEC, 2019. Disponível em: https://www.gov.br/fnde/pt-br/acesso-a-informacao/acoes-e-programas/programas/programas-do-livro/consultas-editais/editais/edital-pnld-2021/EDITAL_PNLD_2021_CONSOLIDADO_13__RETIFICACAO_07.04.2021.pdf. 30 jun. 2021.

_____. Ministério da Educação. *Guia de Implementação do Novo Ensino Médio*. Brasília, DF: MEC, 2018b. Disponível em: http://novoensinomedio.mec.gov.br/. Acesso em: 30 jun. 2021.

_____. Ministério da Educação. *Projeto de vida*: ser ou existir?. Brasília, DF: MEC, 2022. Disponível em: http://basenacionalcomum.mec.gov.br/implementacao/

praticas/caderno-de-praticas/aprofundamentos/200-projeto-de-vida-ser-ou--existir. Acesso em: 12 jan. 2024.

_____. Ministério da Educação. Resolução CNE/CP nº 1, de 27 de outubro de 2020. Dispõe sobre as Diretrizes Curriculares Nacionais para a Formação Continuada de Professores da Educação Básica e institui a Base Nacional Comum para a Formação Continuada de Professores da Educação Básica (BNC-Formação Continuada). *Diário Oficial da União*, Brasília, DF, 27 out. 2020.

_____. Ministério da Educação. Resolução nº 3, de 21 de novembro de 2018. Atualiza as Diretrizes Curriculares Nacionais para o Ensino Médio. *Diário Oficial da União*, Brasília, DF, 22 nov. 2018c. Disponível em: http://portal.mec.gov.br/docman/novembro-2018-pdf/102481-rceb003-18/file. Acesso em: 13 mar. 2023.

DAMON, William. *O que o jovem quer da vida?*: como pais e professores podem orientar e motivar os adolescentes. São Paulo: Summus, 2009.

CAPÍTULO 2

O PROJETO DE VIDA DO PROFESSOR: QUAL É O SEU?

Roberta Amendola

Com a publicação da BNCC, uma área até então desconhecida passou a ganhar visibilidade: Projeto de Vida. No entanto, não houve em um primeiro momento, por parte dos órgãos oficiais, das universidades ou de qualquer outro tipo de instituição, uma explicação clara sobre *o que é* nem sobre *como* ensinar PV. Professores, gestores escolares, autores e editores tiveram que aprender para poder planejar e ensinar esse novo componente do currículo, que, embora de certa forma já existisse com diversos outros nomes, objetivos e formatos, não era caracterizado como parte fundamental da preparação dos alunos do Ensino Médio.

Se não há uma formação universitária específica para ser docente de PV (ao menos até o momento desta publicação), como esses profissionais se formam? Onde estudam? Com quais recursos? Quais materiais possuem como referência?

Esta obra visa justamente preencher parte dessa lacuna e contribuir para que professores e gestores trilhem seu caminho de construção do conhecimento teórico e, principalmente, prático, traçando o seu projeto de vida.

Neste capítulo, são apresentados alguns conceitos iniciais sobre identificação de propósito e definição de objetivos para que você, professor leitor, vivencie a reflexão sobre a construção de Projeto de Vida e possa, a partir dessa sua experiência, ler os demais capítulos sensibilizado por motivações tanto profissionais quanto pessoais.

Projeto de vida do aluno e projeto de vida do professor

Você já parou para pensar no seu projeto de vida? Quais são os seus objetivos pessoais, sociais e profissionais? Eles estão alinhados ao seu propósito?

Segundo a BNCC (BRASIL, 2018, p. 472), orientar os jovens para a construção dos seus projetos significa promover seu "desenvolvimento pessoal e social, por meio da consolidação e construção de conhecimentos, representações e valores que incidirão sobre seus processos de tomada de decisão ao longo da vida". Em síntese, educar para PV é oferecer recursos cognitivos e socioemocionais para que os alunos façam escolhas.

Como é possível transpor essa visão de PV para a vida de um adulto já formado e ativo no mercado de trabalho?

Primeiro, é preciso entender que os adultos também estão em constante desenvolvimento pessoal e social e que, a todo momento, utilizam seus conhecimentos e valores para tomar decisões. No entanto, não somos conscientes nem fomos preparados para isso; agimos equilibrando razão e emoção – nem sempre em doses ideais – e raramente analisamos as causas e as consequências das nossas decisões.

O segundo ponto de destaque dessa transposição da proposta de construção de PV dos jovens para os adultos é que os últimos já são atuantes profissionais e, em teoria, já têm clareza dos rumos da sua carreira. Em teoria.

Se você, docente, está lendo este texto é porque o Projeto de Vida de alguma maneira cruzou seu caminho e certamente ele não estava nos planos de boa parte dos professores brasileiros quando iniciaram sua carreira. Portanto, por mais que houvesse um planejamento, os novos rumos das políticas educacionais nacionais estão levando-o para um caminho desconhecido, no qual a dimensão profissional do seu PV já está sendo alterada, seja você consciente dele ou não.

Em suma, geralmente nós adultos, profissionais ativos e "teoricamente bem resolvidos", chegamos até aqui sem um trabalho intenso de reflexão e planejamento e provavelmente seguiríamos assim pelos próximos anos. Mesmo que você tenha objetivos claros quanto à sua carreira, como cursar uma especialização ou ascender ao cargo de coordenação de área, por exemplo, com sua experiência profissional e de vida você já aprendeu que muitos fatores externos ao seu planejamento interferem na sua trajetória. Diferentemente de parte dos seus alunos, você já sabe que entre o "querer" e o "poder" há uma longa caminhada de esforços e imprevistos e que, muitas vezes, eles nos levam a caminhos diferentes – melhores ou piores – dos que havíamos planejado.

Assim, o adulto já não olha para o seu projeto de vida de forma ingênua ou idealizada, e sim com base nas suas vivências e, principalmente, no seu contexto pessoal e na sua experiência profissional.

Essas diferenças entre o PV dos jovens e o dos adultos não impedem, no entanto, de estabelecer diversos paralelos entre eles. Embora o adulto possua uma maior dose de realismo, ele também é motivado pelo seu propósito e pelos seus objetivos, por mais grandiosos ou inalcançáveis que possam parecer. Esses objetivos também são organizados em pessoais, sociais e profissionais e precisam ser subdivididos em metas, com prazos e estratégias bem definidos para serem viabilizados.

> **A CAMINHADA**
>
> Assim como os jovens, ou melhor, assim como todos os seres humanos, nós educadores estamos em constante processo de autoconhecimento e somos sujeitos formadores de uma sociedade, afetados e corresponsáveis por ela. Também construímos nosso presente e nosso futuro enquanto caminhamos e, ainda com mais responsabilidade, o fazemos enquanto ensinamos os jovens (e aprendemos com eles) a construir a sua caminhada. Somos os facilitadores do caminho alheio, mas, antes, é preciso olhar para os nossos próprios pés.

Desenvolvimento integral do professor

Como exposto no capítulo anterior, em 2019 foi publicada a BNC – Formação, um documento oficial que instituiu a Base Nacional Comum para a Formação Inicial de Professores da Educação Básica. Em 2020, foi publicada a BNC – Formação Continuada, com o intuito de oferecer diretrizes para a atualização de docentes em todo o país.

Ambos os documentos estabeleceram uma homologia entre o desenvolvimento dos alunos e o dos docentes, definindo Competências Gerais, Específicas e Habilidades que devem ser desenvolvidas para uma formação que vá além de conhecimentos e habilidades meramente cognitivos, abarcando aspectos emocionais e atitudinais, ou seja, uma formação integral.

Ao assumir uma visão de alunos e professores como seres complexos e multidimensionais, torna-se fundamental estabelecer matrizes que conduzam à formação para enfrentar os desafios pessoais, sociais e profissionais do século XXI. Nesse sentido, as Competências Gerais orientam sobre os macroeixos com base nos quais é preciso (re)pensar o desenvolvimento de cada um:

COMPETÊNCIAS GERAIS		
	ALUNOS	**PROFESSORES**
Competência 1: Conhecimento	Valorizar e utilizar os conhecimentos historicamente construídos sobre o mundo físico, social, cultural e digital para entender e explicar a realidade, continuar aprendendo e colaborar para a construção de uma sociedade justa, democrática e inclusiva.	Compreender e utilizar os conhecimentos historicamente construídos para poder ensinar a realidade com engajamento na aprendizagem do estudante e na sua própria aprendizagem, colaborando para a construção de uma sociedade livre, justa, democrática e inclusiva.
Competência 2: Pensamento científico, crítico e criativo	Exercitar a curiosidade intelectual e recorrer à abordagem própria das ciências, incluindo a investigação, a reflexão, a análise crítica, a imaginação e a criatividade, para investigar causas, elaborar e testar hipóteses, formular e resolver problemas e criar soluções (inclusive tecnológicas) com base nos conhecimentos das diferentes áreas.	Pesquisar, investigar, refletir, realizar análise crítica, usar a criatividade e buscar soluções tecnológicas para selecionar, organizar e planejar práticas pedagógicas desafiadoras, coerentes e significativas.
Competência 3: Repertório cultural	Valorizar e fruir as diversas manifestações artísticas e culturais, das locais às mundiais, e também participar de práticas diversificadas da produção artístico-cultural.	Valorizar e incentivar as diversas manifestações artísticas e culturais, tanto locais quanto mundiais, e a participação em práticas diversificadas da produção artístico-cultural para que o estudante possa ampliar seu repertório cultural.

	ALUNOS	**PROFESSORES**
Competência 4: Comunicação	Utilizar diferentes linguagens – verbal (oral ou visual-motora, como Libras, e escrita), corporal, visual, sonora e digital –, bem como conhecimentos das linguagens artística, matemática e científica, para se expressar e partilhar informações, experiências, ideias e sentimentos em diferentes contextos e produzir sentidos que levem ao entendimento mútuo.	Utilizar diferentes linguagens – verbal, corporal, visual, sonora e digital – para se expressar e fazer com que o estudante amplie seu modelo de expressão ao partilhar informações, experiências, ideias e sentimentos em diferentes contextos, produzindo sentidos que levem ao entendimento mútuo.
Competência 5: Cultura digital	Compreender, utilizar e criar tecnologias digitais de informação e comunicação de forma crítica, significativa, reflexiva e ética nas diversas práticas sociais (incluindo as escolares) para se comunicar, acessar e disseminar informações, produzir conhecimentos, resolver problemas e exercer protagonismo e autoria na vida pessoal e coletiva.	Compreender, utilizar e criar tecnologias digitais de informação e comunicação de forma crítica, significativa, reflexiva e ética nas diversas práticas docentes, como recurso pedagógico e como ferramenta de formação, para comunicar, acessar e disseminar informações, produzir conhecimentos, resolver problemas e potencializar as aprendizagens.
Competência 6: Trabalho e Projeto de Vida	Valorizar a diversidade de saberes e vivências culturais e apropriar-se de conhecimentos e experiências que lhe possibilitem entender as relações próprias do mundo do trabalho e fazer escolhas alinhadas ao exercício da cidadania e ao seu projeto de vida, com liberdade, autonomia, consciência crítica e responsabilidade.	Valorizar a formação permanente para o exercício profissional, buscar atualização na sua área e afins, apropriar-se de novos conhecimentos e experiências que lhe possibilitem aperfeiçoamento profissional e eficácia e fazer escolhas alinhadas ao exercício da cidadania, ao seu projeto de vida, com liberdade, autonomia, consciência crítica e responsabilidade.

	ALUNOS	**PROFESSORES**
Competência 7: Argumentação	Argumentar com base em fatos, dados e informações confiáveis, para formular, negociar e defender ideias, pontos de vista e decisões comuns que respeitem e promovam os direitos humanos, a consciência socioambiental e o consumo responsável em âmbito local, regional e global, com posicionamento ético em relação ao cuidado de si mesmo, dos outros e do planeta.	Desenvolver argumentos com base em fatos, dados e informações científicas para formular, negociar e defender ideias, pontos de vista e decisões comuns, que respeitem e promovam os direitos humanos, a consciência socioambiental, o consumo responsável em âmbito local, regional e global, com posicionamento ético em relação ao cuidado de si mesmo, dos outros e do planeta.
Competência 8: Autoconhecimento e autocuidado	Conhecer-se, apreciar-se e cuidar de sua saúde física e emocional, compreendendo-se na diversidade humana e reconhecendo suas emoções e as dos outros, com autocrítica e capacidade para lidar com elas.	Conhecer-se, apreciar-se e cuidar de sua saúde física e emocional, compreendendo-se na diversidade humana, reconhecendo suas emoções e as dos outros, com autocrítica e capacidade para lidar com estas, desenvolver o autoconhecimento e o autocuidado nos estudantes.
Competência 9: Empatia e cooperação	Exercitar a empatia, o diálogo, a resolução de conflitos e a cooperação, fazendo-se respeitar e promovendo o respeito ao outro e aos direitos humanos, com acolhimento e valorização da diversidade de indivíduos e de grupos sociais, seus saberes, identidades, culturas e potencialidades, sem preconceitos de qualquer natureza.	Exercitar a empatia, o diálogo, a resolução de conflitos e a cooperação, fazendo-se respeitar e promovendo o respeito ao outro e aos direitos humanos, com acolhimento e valorização da diversidade de indivíduos e de grupos sociais, seus saberes, identidades, culturas e potencialidades, sem preconceitos de qualquer natureza, para promover ambiente colaborativo nos locais de aprendizagem.

	ALUNOS	PROFESSORES
Competência 10: Responsabilidade e cidadania	Agir pessoal e coletivamente com autonomia, responsabilidade, flexibilidade, resiliência e determinação, tomando decisões com base em princípios éticos, democráticos, inclusivos, sustentáveis e solidários.	Agir e incentivar, pessoal e coletivamente, com autonomia, responsabilidade, flexibilidade, resiliência, a abertura a diferentes opiniões e concepções pedagógicas, tomando decisões com base em princípios éticos, democráticos, inclusivos, sustentáveis e solidários, para que o ambiente de aprendizagem possa refletir esses valores.

Figura 1 – Competências Gerais da Educação Básica e Competências Gerais Docentes. (Fontes: BRASIL, 2018, p. 10-11; BRASIL, 2020, p. 8).

Todas as Competências Gerais são fundamentais para o desenvolvimento de alunos e docentes. No entanto, nesta obra daremos especial atenção às Competências 8 (Autoconhecimento e autocuidado), 10 (Responsabilidade e cidadania) e 6 (Trabalho e Projeto de Vida). Pensar no PV do professor é pensar no quanto ele se conhece, como se vê e se cuida (dimensão pessoal), como exerce suas relações sociais e sua cidadania (dimensão social) e como gerencia seu trabalho (dimensão profissional).

Como visto, as Competências da BNC – Formação Continuada focam a formação do professor como profissional, mas vão além ao reforçar a importância de o docente construir seu PV, alinhá-lo ao dos seus alunos e implementá-lo. Porém, embora reconheça e promova a importância das outras dimensões – a pessoal e a social –, não oferece direcionamentos claros.

Historicamente, ao se tratar de formação de professores, o foco recaiu sobre a preparação cognitiva e/ou técnica-profissional para garantir o domínio de conteúdos e metodologias, deixando de lado os seres em constante (re)construção que são e que, como qualquer indivíduo, precisam de motivação, desenvolvimento socioemocional, autoconhecimento e autocuidado. A formação integral do docente – em realidade, de qualquer profissional – deve ser a pauta do século XXI.

Para além de discursos abstratos, essa visão integral deve se concretizar no dia a dia da escola, com a preocupação com a saúde física, mental e emocional dos docentes. Embora essa seja uma premissa das recém-publicadas BNCs de formação docente, ela precisa se materializar no chão da escola, na reunião pedagógica semanal, na sala de aula, assim como na visão que o professor tem de si mesmo, nas suas atitudes e valores, em como ele se valoriza, se respeita, se cuida e dedica tempo a se desenvolver como indivíduo, cidadão e profissional – dimensões diretamente interligadas.

O primeiro e principal responsável pelo desenvolvimento do professor é ele mesmo, que, comprometido com a construção e implementação de um projeto de vida alinhado com seu propósito, pode identificar e sanar suas lacunas formativas e socioemocionais. Sim, se deve esperar da escola e das instituições responsáveis pela educação (incluído o Estado) um comprometimento com a formação dos seus profissionais; cabe a elas oferecer recursos, tempos remunerados e condições para que os educadores se desenvolvam. No entanto, o verdadeiro engajamento – aliás, o único efetivo – é o pessoal, é o "pacto" de alguém consigo mesmo, com os seus objetivos. Ainda que haja apoio das instituições para o crescimento do profissional, ele só será eficaz se o indivíduo encontrar sentido no seu fazer; a motivação e o compromisso com o autodesenvolvimento são individuais e intransferíveis.

Tanto o projeto de vida do aluno quanto o do professor devem partir do que eles realmente entendem que os motiva, da sua causa, do seu propósito.

Propósito e Projeto de Vida

A palavra "projeto" está relacionada a "projetar", "projétil" e "projeção". Portanto, projetar a vida é fazer uma projeção ou estimativa, é lançar um projeto – ou projétil – para o futuro. Esse lançamento, no entanto, não é ao acaso, sem pensar; ele é intencional e tem em vista o alvo que se quer atingir: os objetivos.

Assim, projetar a vida implica pensar sobre o que se quer para o presente e para o futuro com base em motivações pessoais que visem o próprio bem e que tenham um impacto positivo no coletivo (DAMON, 2009, p. 53).

Identificar as motivações nas quais as pessoas querem se engajar é conduzi-las à identificação dos seus propósitos, das suas "bandeiras", das causas que as representam, do que dá sentido às suas vidas. Para isso, as pessoas precisam conhecer seus valores e seus interesses, ou seja, elas precisam se autoconhecer para fazer escolhas a curto, médio e longo prazo e realizar ações baseadas nos seus princípios e objetivos.

Uma vez identificadas essas motivações, elas se tornam o estímulo necessário à construção de um plano de ação que leve a alcançar o propósito, ainda que haja adversidades no caminho – o que é bem provável.

Em síntese, projeto de vida é um plano de ação para alcançar objetivos baseados em um propósito, em um "desejo de fazer diferença no mundo, de realizar algo de sua autoria que possa contribuir para a sociedade" (DAMON, 2009, p. 14).

Por exemplo, uma pessoa pode realizar um exercício de autoconhecimento e identificar que tem inclinação por temas ambientais, em especial pela defesa dos direitos dos animais. Nesse caso, o interesse pode ter surgido por uma experiência doméstica de criação de um animal de estimação ou por ter sido testemunha de maus-tratos a animais. Independentemente do que gerou a motivação, essa pessoa reconhece seu interesse pela causa e faz da luta pelos direitos dos animais o seu propósito de vida, a sua "bandeira". Visando transformar esse propósito em um projeto de vida, ela mapeia possibilidades de atuação nas esferas cidadã e profissional, analisa com quais mais se identifica, estabelece objetivos e traça um plano de ação para agir em prol da causa dos animais. Nesse exemplo, o objetivo poderia ser resgatar animais em situação de rua e encontrar abrigo para eles, sendo exercida essa função tanto como voluntário no seu bairro ou em uma ONG com essa causa quanto trabalhando em clínicas médicas e estéticas de cuidados com os animais ou, ainda, atuando como veterinário.

A concretização do propósito não está relacionada exclusivamente à escolha de uma profissão remunerada ou de uma carreira universitária. Empreender um projeto de vida baseado em uma causa que proporcione motivação e satisfação vai além da escolha de uma profissão dentre as carreiras disponíveis; trata-se de um compromisso com os próprios interesses.

Isso é o projeto de vida: um engajamento planejado que traga benefícios individuais e que contribua para o entorno.

> **PERGUNTAS NORTEADORAS**
>
> Para identificar o propósito, é preciso partir de perguntas relacionadas ao ser, à identidade do sujeito, às suas afinidades, aos seus ideais: quem sou eu? O que me caracteriza? Do que eu gosto? Que estilo de vida eu quero para mim? Como eu quero que seja a minha comunidade? Como eu posso contribuir para o mundo?

É importante ressaltar que nenhum sujeito, seja um aluno do Ensino Médio, seja um adulto ativo no mercado de trabalho (como você, professor), deve se sentir limitado. É fundamental combater visões deterministas que justificam as dificuldades associando-as a condições socioeconômicas, físicas, geopolíticas etc. As condições pessoais e do entorno são instáveis e, portanto, passíveis de mudanças; não é o meio que deve condicionar as escolhas e sim o propósito.

Do mesmo modo, não se deve reforçar a ideia de que apenas o esforço e o merecimento levam à conquista dos objetivos. Diversos fatores externos incontroláveis interferem no curso da vida, principalmente em contextos de vulnerabilidade social, como necessidade de ingresso precoce e informal no mercado de trabalho, abandono escolar, gravidez na adolescência, dependência química etc. Parte importante da construção do projeto de vida é a compreensão de que é muito provável que ele tenha que ser adaptado ou mudado diversas vezes. A revisão constante do propósito e os ajustes na trajetória para alcançá-lo são essenciais para um PV. Nem todos os planos se realizarão como o desejado, mas a clareza do propósito e a preparação para as adversidades serão decisivas para a motivação e a perseverança na busca da realização pessoal e coletiva, apesar dos contratempos.

Essa preparação do sujeito para as adversidades, jovem ou adulto, parte de eixos tanto cognitivos quanto emocionais. No contexto educacional, além de oferecer saberes e recursos para o desenvolvimento intelectual dos alunos, é preciso prepará-los para enfrentar os desafios da vida de maneira equilibrada, resiliente, proativa e responsável. Nesse sentido, a escola é o melhor lugar para orientar seus alunos no caminho do autoconhecimento; é nela que são identificados os pontos fortes e as fraquezas de cada um e é ela que possui as ferramentas para ajudá-los a desenvolver as competências necessárias no século XXI. Além disso, embora saiba que todos têm como ponto de chegada a construção e implementação de projetos de vida que lhes proporcionem realização, os integrantes da escola conhecem os diferentes pontos de partida de cada um e o contexto familiar e socioeconômico que interferem diretamente nas possibilidades e trajetórias das suas juventudes.

O professor e toda a gestão escolar, comprometidos com a formação integral dos seus alunos, contribuem para combater os históricos índices elevados de evasão escolar, em especial quando se valem dos princípios da Pedagogia da Presença, que serão apresentados no Capítulo 5. Quando os adolescentes percebem que na escola seus sonhos têm lugar e sua identidade tem voz, eles reconhecem o papel formativo da educação para além dos saberes disciplinares e veem a possibilidade de significá-la e conectá-la, de fato, com a sua vida atual e futura.

Ao vislumbrar seus possíveis caminhos e se preparar para eles, os alunos assumem o controle de sua existência. É certo que o acaso, as adversidades, a falta de oportunidades, as dúvidas quanto à própria capacidade e outras dificuldades poderão surgir; no entanto, se estiverem motivados e comprometidos com o seu propósito, poderão enfrentá-las e transformá-las em oportunidades e/ou adaptarem seus planos às circunstâncias. Dessa forma, serão protagonistas da sua história, responsáveis pela sua realização.

Nem os alunos nem ninguém pode controlar todos os aspectos da vida que afetarão seus objetivos, mas ter um propósito claro, que os norteie, contribui para que lidem com os seus efeitos e não os aceitem de forma passiva. Ser protagonista é assumir o controle das consequências das adversidades, mesmo que não seja possível evitar as causas; é buscar a realização seja qual for o contexto – e, muitas vezes, apesar dele.

Vale ressaltar que o conceito de realização extrapola as noções popularmente associadas a objetivos individualistas e aquisição de bens materiais. A realização está ligada a fatores como autoestima; reconhecimento familiar e social; ética; percepção de competência; independência; saúde; entre outros relacionados à vida em sociedade e ao bem-estar comum.

A preparação para o mundo do trabalho no século XXI é um dos fatores determinantes para a realização dos sujeitos. Para além da noção superada de testes vocacionais que indicam inclinação para uma ou outra área profissional sem considerar as características individuais e a realidade instável das profissões e das demandas sociais, o Projeto de Vida se centra na identificação e no desenvolvimento de saberes, interesses, habilidades e competências. Mais do que preparar alunos que "se encaixem" em vagas disponíveis hoje – e que podem deixar de existir em poucos anos –, o foco é prepará-los para o mundo, promovendo (transform) ações de dentro para fora, a curto, médio e longo prazo. Em PV, a preparação para o mundo do trabalho se dá no âmbito da Educação para a Carreira, que considera todos os fatores que interferem na atribuição de sentido aos estudos e ao trabalho e à maturidade vocacional: identificação de interesses, tomada de decisão, escolha profissional, informação sobre a área e os meios de acesso a ela.

Nesse sentido, os Itinerários Formativos propostos pela BNCC apresentam oportunidades de os alunos identificarem áreas de interesses e vivenciarem saberes e práticas, em uma aproximação ao futuro mundo laboral, mas ainda no âmbito escolar. Dessa forma, podem experimentar outros conhecimentos e comprovar se realmente se interessam por eles com aspirações profissionais, desenvolvendo, assim, sua maturidade vocacional.

Além de futuros (ou atuais) profissionais, esses jovens são indivíduos ativos socialmente desde já, no presente, e estão em pleno desenvolvimento de suas competências e habilidades cognitivas, sociais e emocionais. Por isso, Projeto de Vida consta na BNCC como uma das Competências Gerais que se relacionam com a Educação Integral desses alunos.

Do mesmo modo, os docentes, que já são profissionais, estão em constante (trans)formação e precisam resgatar ou atualizar o seu propósito. Mas, afinal, qual é o propósito de um professor?

Propósito do professor

O propósito de um professor deve ser garantir que seus alunos sejam aprovados no vestibular ou que sejam cidadãos éticos e realizados?

A pergunta, que intencionalmente une objetivos e propósito, desperta a reflexão sobre o que deve motivar um docente, o que deve dar sentido à sua carreira, qual a sua intenção ao ser professor.

Não há uma única resposta correta, mas se o foco do docente está em resultados em exames, há algo de errado. Esse objetivo faz parte do fazer docente, inclusive como meio para que seus alunos realizem seus projetos de vida. No entanto, o propósito deve ser algo maior, que gere engajamento e benefícios para si e para o entorno.

Quando o docente consegue responder qual é o seu propósito, ele consegue pensar em todas as dimensões do seu projeto de vida e definir objetivos e metas a curto, médio e longo prazo. No entanto, antes de pensar no futuro, é fundamental pensar no passado e no presente.

> **QUESTÕES SOBRE TRAJETÓRIA DE VIDA E PROPÓSITO**
> - Que caminhos o trouxeram até aqui? Quais escolhas pessoais, sociais e profissionais o motivaram a ser educador? O que o mantém nesse caminho?
> - Algo ou alguém deve ter inspirado sua escolha por essa carreira. Quais foram seus modelos? Eles ainda o são?
> - Você ainda consegue identificar a sua motivação inicial? E, atualmente, o que o motiva?
> - Quais valores você tinha quando escolheu a carreira docente? E, hoje, os seus valores são os mesmos?
> - Afinal, qual era (e ainda é) o seu propósito? Por que e para que você faz o que faz e como faz?
>
> Com relação ao futuro, podem ser consideradas outras questões:
> - Até onde o seu propósito pode levá-lo? Ele está alinhado ao seu estilo de vida pessoal, social e profissional atual? Se não está, o que você precisa fazer para alinhá-los?
> - Como pretende se desenvolver em todas as dimensões da sua vida (pessoal, social e profissional)?
> - Quanto à dimensão profissional, você continua querendo seguir o caminho da Educação? De que forma você pretende viver a docência nos próximos anos?

Pensar sobre as suas motivações é (res)significar ou resgatar a relação com o fazer educativo, com essa dimensão fundamental da vida adulta que é o trabalho e o impacto dela nas outras dimensões.

Reflita sobre essas questões para, então, dar continuidade ao processo de construção do seu PV. Antes de caminhar, é preciso saber onde se quer chegar.

O projeto de vida do professor

Os projetos de vida em idade juvenil e adulta baseiam-se em três eixos: desenvolvimento, oportunidades e escolhas.

O desenvolvimento dos jovens nas três dimensões do PV é o foco desse componente no âmbito escolar, mas deve ser também o objetivo dos docentes em relação aos próprios projetos. Tanto para alunos quanto para professores, o desenvolvimento deve ser entendido como sinônimo de crescimento, de reconhecer e ampliar conhecimentos, habilidades, atitudes e valores que são o centro da vida atual e da que se está projetando, com base no propósito.

As oportunidades sofrem influência de fatores externos ao sujeito, mas também podem ser criadas por ele por meio do seu desenvolvimento e foco.

Já as escolhas baseiam-se nos objetivos, dando diferentes encaminhamentos às oportunidades.

Essa tríade que define PV está diretamente relacionada com a ampliação de repertório e do campo de possibilidades de qualquer indivíduo por meio do autoconhecimento, da definição de objetivos, do foco e da tomada de decisões responsáveis. Planejar e executar com base nesses pilares é ser protagonista da própria história, minimizando os impactos do determinismo e das adversidades no presente.

Para elaborar e implementar um plano de desenvolvimento integral alinhado ao Projeto de Vida, o docente pode tomar como base os critérios da primeira dimensão da Formação Continuada propostos pelo edital do PNLD 2021 – Objeto 3, que trata do "Conhecimento de si, do outro e do nós (miniprojeto de vida para os professores)":

1.3.1. Identificar os próprios interesses e necessidades no âmbito escolar e fora dele.

1.3.2. Conhecer-se profundamente como professor, identificando como e por que ensina.

1.3.3. Refletir e dialogar sobre as maneiras com que se relaciona com o bem comum e com o outro (em especial, com os estudantes e demais membros da comunidade escolar).

1.3.4. Conhecer-se, compreendendo as próprias emoções e como lidar com elas.

1.3.5. Reconhecer as próprias forças e apoiar-se nelas, reconhecendo também a importância do convívio com o outro.

1.3.6. Identificar caminhos e estratégias para superar as dificuldades e alicerçar a busca da realização dos sonhos.

1.3.7. Olhar para o futuro sem medo.

1.3.8. Reconhecer a força de agir coletivamente.

1.3.9. Agir com empatia, sendo capaz de assumir a perspectiva dos outros, compreendendo as necessidades e sentimentos alheios, construindo relacionamentos baseados no compartilhamento e abertura para o convívio social republicano.

1.3.10. Perceber-se como cidadão que integra a construção da vida familiar, escolar, comunitária, nacional e internacional, e é capaz de ampliar seus horizontes e perspectivas em relação a oportunidades de inserção no mundo do trabalho.

1.3.11. Identificar, valorizar e fortalecer sonhos, aspirações, conhecimentos, habilidades e competências desenvolvidos ao longo da sua trajetória escolar, familiar e comunitária.

1.3.12. Apropriar-se de habilidades pessoais, estratégias mentais e instrumentos práticos para planejamento de metas e estratégias para alcançá-las. (BRASIL, 2019, p. 87-88)

Conhecer-se, refletir e concretizar esses critérios em objetivos relacionados às dimensões pessoal, social e profissional do docente, alinhados ao seu propósito, é concretizar um projeto de vida na prática. Vejamos o que é cada dimensão e como elas podem ser planejadas.

As dimensões pessoal, social e profissional do Projeto de Vida

Dimensão pessoal

Para discutir e planejar a dimensão pessoal do Projeto de Vida deve-se pensar em um plano de desenvolvimento voltado para *autoconhecimento* e *identidade*. Embora pareça ampla e "batida", a pergunta "quem sou?" é o ponto de partida dessa dimensão. Você seria capaz de responder a ela sem mencionar a sua profissão? Quem é você antes de ser professor? É possível separar sua carreira da sua identidade? Se você tivesse outra profissão, você seria diferente? Teria outros valores?

Embora as perguntas existenciais estejam ao nosso redor a todo momento, não é fácil respondê-las. É possível nos conhecermos, identificarmos nossos valores, reconhecer e assumir nossas características físicas e psicológicas, mas não é uma tarefa trivial.

Retomando as bases para a definição de objetivos para o seu PV, quais possibilidades ou necessidades de desenvolvimento você identifica na dimensão pessoal? Quais oportunidades você pode criar para o seu desenvolvimento nessa dimensão? Quais escolhas fez e pode fazer para se desenvolver como indivíduo? O seu plano de desenvolvimento pessoal está alinhado aos conhecimentos, às habilidades, às atitudes e aos valores previstos para as competências da BNC – Formação Continuada, em especial a 8 – Autoconhecimento e autocuidado?

Dimensão social

Assim como a dimensão pessoal requer um olhar para dentro, a dimensão social pressupõe esse olhar para fora, para o outro, para o eu com o outro, para o nós. Esse outro atravessa a nossa vida no convívio familiar, social e profissional e as relações que construímos moldam nossa identidade. Conhecer-se é (re)conhecer-se no outro, por meio dele, com ele.

Além das relações interpessoais, a dimensão da sociedade também se concretiza na cidadania. Para além de ser um sujeito passivo no entorno, o exercício dos direitos e deveres em todas as esferas – comunitária, profissional, política etc. – determina onde e como vivemos, quanto impactamos e somos impactados pelo outro. As ações individuais ou coletivas em prol (ou, inclusive, contra) da vida em sociedade.

Retomando as bases para a definição de objetivos para o seu PV, quais possibilidades ou necessidades de desenvolvimento você identifica na dimensão social? Quais oportunidades você pode criar para o seu desenvolvimento nessa dimensão? Quais escolhas fez e pode fazer para se desenvolver como ser social e cidadão? O seu plano de desenvolvimento social está alinhado aos conhecimentos, às habilidades, às atitudes e aos valores previstos para as Competências Gerais da BNC – Formação Continuada, em especial a 10 – Responsabilidade e cidadania?

Dimensão profissional

Quanto à dimensão profissional, embora possa parecer a mais fácil de se projetar e para se estabelecerem objetivos concretos de desenvolvimento, como formações, cursos, mobilidade na carreira etc., também requer reflexões.

Como perguntas disparadoras, você pode refletir sobre do que mais gosta e do que menos gosta no seu trabalho, envolvendo todos os aspectos: as aulas em si, as relações, a escola, os horários, a remuneração, o reconhecimento etc. As questões podem ser ampliadas: você se sente motivado com o seu trabalho? Ele está alinhado ao seu propósito? Com quais aspectos do seu fazer você se sente confortável? Quais os seus principais desafios neste momento? Como você imagina sua carreira dentro de três anos? Quais oportunidades (relacionadas ou não com o seu trabalho atual) você detecta hoje que podem contribuir para atingir ou desviar o foco dos seus objetivos? Como você está se preparando para ser o profissional que deseja ser? Que diferença você faz na vida dos seus alunos? Você atende às demandas e aos interesses deles? Você pensa em mudar de carreira ou em acrescentar outra à sua atuação?

Embora pareça simples, esse exercício pode ajudar a mapear onde estão os pontos de realização profissional e onde é preciso realizar mudanças. Essas reflexões também podem dar indícios sobre a sua motivação e a sua percepção de eficácia.

Pode ser que as reflexões propostas nesta obra o levem a pensar sobre seu propósito e a ressignificar o papel da docência no seu projeto de vida. Pretendemos trazer elementos para que você tire as suas conclusões sobre o seu caminho, seja ele qual for. Evidentemente, esperamos que você continue dando seus passos profissionais na área educacional, em especial no Projeto de Vida.

Propomos que você faça análises sinceras sobre você mesmo e sua carreira, para poder (re)direcioná-la e alcançar a realização profissional, sabendo que ela pode se modificar em função de novos objetivos e propósitos.

Retomando as bases para a definição de objetivos para o seu PV, quais possibilidades ou necessidades de desenvolvimento você identifica na dimensão profissional? Quais oportunidades pode criar para o seu desenvolvimento nessa dimensão? Quais escolhas fez e pode fazer para se desenvolver como docente? O seu plano de desenvolvimento pessoal está alinhado aos conhecimentos, às habilidades, às atitudes e aos valores previstos para as competências da BNC – Formação Continuada, em especial a 6 – Trabalho e Projeto de Vida?

A escola, o PV do aluno e o PV do professor

A maneira mais eficiente de (re)pensar o seu projeto de vida é alinhá-lo ao processo de construção de PV dos seus alunos e ao dos seus pares. Seria desejável que as escolas incentivassem todos os seus docentes e funcionários a pensarem sobre seus projetos de vida e instituíssem formações coletivas com esse objetivo.

Ainda mais eficiente seria se essas formações se estendessem aos familiares e à comunidade escolar, não só para que ela entendesse a importância e apoiasse os PV dos seus jovens, mas para que cada participante encontrasse seu propósito e refletisse sobre seus projetos pessoais, sociais e profissionais.

Você, professor, pode, inclusive, liderar essas iniciativas dentro das dimensões social e profissional do seu projeto de vida, atribuindo um significado mais amplo e abrangente ao seu fazer pedagógico, ministrando cursos ou oficinas de construção de PV à sua comunidade.

No entanto, caso essas possibilidades não sejam viáveis porque dependem de outros atores do universo escolar, o seu compromisso com o seu PV deve se manter. Para que haja verdade e engajamento no seu trabalho como educador desse componente, é fundamental que o tenha experimentado e colocado em prática.

É preciso ter em vista que a construção e a implementação de um projeto de vida são pessoais, indelegáveis e precisam ser vividas em primeira pessoa. No entanto, agentes educativos, como o professor e a comunidade escolar, podem e devem contribuir como mediadores entre os jovens e o processo reflexivo que os levará a um desenho de PV. Mediar não significa intervir nem dar conselhos, significa estabelecer pontes entre os recursos e o outro.

Do mesmo modo, idealmente o docente deve contar com mediadores que o conduzissem em seu processo e, na ausência de profissionais qualificados, pode recorrer a recursos como livros, sites e outro tipo de material ou formação de qualidade que contribua para sua jornada.

Nos próximos capítulos apresentaremos algumas perspectivas que abordam PV do ponto de vista prático e teórico, para contribuir com reflexões pessoais, sociais e profissionais. Preparado?

Referências

BRASIL. *Base Nacional Comum Curricular*. Brasília, DF: MEC, 2018.

_____. Ministério da Educação. *Edital de convocação nº 03/2019 – CGPLI*. Edital de convocação para o processo de inscrição e avaliação de obras didáticas, literárias e recursos digitais para o programa nacional do livro e do material didático PNLD 2021. Brasília, DF: MEC, 2019. Disponível em: www.gov.br/fnde/pt-br/acesso-a-informacao/acoes-e-programas/programas/programas-do-livro/consultas-editais/editais/edital-pnld-2021/EDITAL_PNLD_2021_CONSOLIDADO_13__RETIFICACAO_07.04.2021.pdf. Acesso em: 13 mar. 2023.

_____. Ministério da Educação. *Resolução CNE/CP nº 1, de 27 de outubro de 2020*. Dispõe sobre as Diretrizes Curriculares Nacionais para a Formação Continuada de Professores da Educação Básica e institui a Base Nacional Comum para a Formação Continuada de Professores da Educação Básica (BNC-Formação Continuada). Brasília, DF: MEC, 2020.

_____. Ministério da Educação. *Resolução CNE/CP nº 2, de 20 de dezembro de 2019*. Define as Diretrizes Curriculares Nacionais para a Formação Inicial de Professores para a Educação Básica e institui a Base Nacional Comum para a Formação Inicial de Professores da Educação Básica (BNC-Formação). Brasília, DF: MEC, 2019.

DAMON, William. *O que o jovem quer da vida?*: Como pais e professores podem orientar e motivar os adolescentes. São Paulo: Summus, 2009.

CAPÍTULO 3

PSICOLOGIA E PROJETO DE VIDA: EXPLORANDO NOSSAS CAPACIDADES POSITIVAS[1]

Marta Ferragut e Margarita Ortiz-Tallo

Com o intuito de que você descubra suas capacidades, talentos e habilidades que possam estar ocultos, neste texto nos dedicamos a apresentar alguns fundamentos da Psicologia e trabalhar o seu projeto de vida, de forma que possa contribuir com o seu desenvolvimento e apoiá-lo para orientar os seus alunos com base na sua vivência pessoal e profissional.

Esse processo toma como princípio três referenciais: o *Coaching*, a Psicologia Sistêmica e a Psicologia Positiva, que serão apresentados a seguir.

A ideia original dessa proposta é do nosso grupo de pesquisa na Universidade de Málaga, na Espanha. As propostas de atividades baseiam-se em nossa experiência como psicólogas clínicas e professoras universitárias e já foram aplicadas com diversos alunos, com excelentes resultados no processo de elaboração de projetos de vida. Esperamos que contribuam para o seu desenvolvimento e o dos seus alunos.

Psicologia aplicada a Projeto de Vida

O *Coaching*, segundo a Escola Europeia de Coaching (WHITMORE, 2011), "é a arte de fazer perguntas para ajudar as outras pessoas, através da aprendizagem, na exploração e na descoberta de novas crenças para que elas alcancem seus objetivos".[2] Trata-se de gerar as condições adequa-

---

[1] Texto originalmente escrito em espanhol pelas autoras e traduzido para o português pela organizadora.
[2] Nota da organizadora: No Brasil, observou-se uma banalização da teoria e das práticas relacionadas ao *Coaching*, sobretudo nos anos 2010, quando houve um *boom* de serviços

das para acompanhar e treinar outra pessoa no caminho de cumprir metas ou objetivos ou de desenvolver habilidades. Esse processo consiste em vários passos: observar, tomar consciência, determinar os objetivos, agir e mensurar, sempre por meio do diálogo e de exercícios que favoreçam o autoconhecimento, de forma que se libere o maior potencial das pessoas sobre a base da consciência e da responsabilidade em relação às suas próprias decisões e ações.

Historicamente, essa teoria de treinamento e desenvolvimento humano foi aplicada às áreas esportiva e profissional, relacionada ao construto de autoconceito, ao estabelecimento de metas e à criação de planos de ação para cumpri-las.

Esse processo constante de indagação e de provocação sobre o presente com vistas ao futuro popularizou-se no meio empresarial e, mais recentemente, passou a ser aplicado ao meio educacional, especificamente dentro da área de Projeto de Vida. O *Coaching* educacional (no contexto da Educação Básica) ou instrucional (no âmbito de formação de professores) relaciona-se com o conceito de tutoria. O *coach*, nesse caso o professor, é o facilitador do processo de encaminhamento dos *coachees* (os alunos) rumo aos seus objetivos e metas, contribuindo para potencializar o rendimento dos jovens por meio de diálogo e colaboração. Esse trabalho não deve ser entendido como simples aconselhamento ou transmissão de conhecimento de um profissional mais experiente ou mais especializado a outro menos experiente; aqui se trataria de mentoria e não de tutoria. A principal diferença entre *Coaching* e mentoria é que o *coach* não precisa ter maior conhecimento técnico na área de interesse do *coachee* e costuma ser escolhido por este, o que nem sempre acontece no caso da mentoria (CUNHA, 2016, p. 34).

---

comerciais de aconselhamento pessoal e profissional. Por vezes, profissionais não qualificados em Psicologia ou áreas correlatas propuseram técnicas amplamente difundidas na internet sem fundamentação nem comprovação científica e contribuíram para a desvalorização da teoria e do seu potencial. Neste texto, as autoras basearam-se no referencial teórico da área, em práticas docentes e em estudos acadêmicos, em um convite a uma leitura da proposta teórica original e sua contribuição à Psicologia Educacional e à Educação.

> **COACHING**
>
> O *Coaching* é um processo reflexivo e de empoderamento no qual as intenções são concretizadas em objetivos e ações. Esse caminho de autoconhecimento, identificação de propósito e definição de metas é traçado tanto pela autoconsciência no momento presente quanto pelo reconhecimento e pela aceitação de que somos o somatório de nossa história pessoal, familiar e social, e que refletimos e reforçamos ou rejeitamos a história dos nossos antepassados, mesmo que não as tenhamos vivido. Não há olhar para o futuro sem consciência do passado e clareza do presente; não há olhar para dentro sem olhar para fora e vice-versa.

Nas atividades sugeridas neste capítulo, apresentamos propostas de reflexão sobre identidade e identificação de objetivos por meio de perguntas e exercícios baseados na teoria do *Coaching*. Através delas guiamos o caminho de autoconhecimento rumo à construção/atualização do projeto de vida com foco nas suas forças psicológicas e no impacto dele nos sistemas dos quais você faz parte.

O segundo referencial no qual nos baseamos é a Psicologia Sistêmica, que propõe trabalhar de forma integral, considerando o sistema mais amplo do qual fazemos parte.

O biólogo austríaco Karl Ludwig von Bertalanffy foi o autor que, na segunda metade do século XX, refletiu e iniciou um movimento a favor do estudo da relação entre os sistemas nos quais nos movemos (BERTALANFFY, 2014). Posteriormente, a psicoterapeuta norte-americana Virginia Satir foi uma figura de grande relevância para a terapia psicológica sistêmica (SATIR, 1983). A psicoterapeuta francesa Anne Ancelin Schützenberger, especialista em psicogenealogia, e o alemão Bert Hellinger, criador das Constelações Familiares baseando-se em teorias de autores sistêmicos, iniciaram um enfoque transgeracional, no qual concluíram que alguns comportamentos e algumas emoções das pessoas dificilmente são explicáveis a partir apenas das suas experiências individuais e entendem que se deve abordar o ser humano com um olhar mais amplo, para além do indivíduo, considerando as experiências dos seus antepassados (HELLINGER, 2003; SCHÜTZENBERGER, 2021).

A Psicologia Sistêmica parte das características individuais para se centrar nos fenômenos de comunicação e relação entre os diferentes coletivos inter-relacionados – os sistemas – dos quais fazemos parte e nos quais nos movemos: o conjugal, o familiar, o profissional etc. Em todos esses sistemas construímos relações nas quais afetamos e somos afetados; tais vínculos interferem em maior ou menor medida nas nossas escolhas em todas as dimensões da vida.

O primeiro sistema ao qual pertencemos é a família. O ser humano não pode ser entendido na sua totalidade isolado dos sistemas aos quais pertence. Somos e vivemos na relação com os outros e essas relações nos condicionam, nos ajudam ou nos dificultam a desenvolver nossos projetos de vida e nossa vida. As realidades às quais pertencemos, como a família na qual nascemos, o país de origem, o lugar onde passamos nossa infância ou o primeiro trabalho que desenvolvemos, nos marcam e nos levam a tomar decisões ou a viver e desfrutar de situações diferentes dos outros. Não só o que vivemos, mas principalmente o que nossa família ou nossa sociedade viveu antes de nós nos influencia e condiciona, mesmo que não tenhamos vivido essas experiências de forma direta.

Essa identificação dos sistemas aos quais pertencemos é essencial na construção da nossa identidade, da nossa autoaceitação e da nossa autoestima. A Psicologia Sistêmica aplicada a Projeto de Vida propõe a análise dessas interações para identificar em que medida as escolhas pessoais, sociais, acadêmicas e profissionais que fazemos estão baseadas na nossa vivência e o quanto somos influenciados por elas. Por isso, as atividades deste capítulo partem da construção e análise do genograma enfocado às profissões e aos interesses (desenvolvidos ou não) dos antepassados, nas suas forças psicológicas e na intenção de seguir ou não o mesmo caminho.

Por fim, o terceiro referencial que baseou este capítulo é a Psicologia Positiva, uma corrente psicológica cujo objetivo consiste em procurar, analisar e desenvolver os recursos, as habilidades e as forças das pessoas, das famílias, das instituições e das sociedades. Trata-se de colocar em evidência os mecanismos naturais que fazem com que experimentemos emoções positivas e que servem de ajuda e impulso para superar as dificuldades. Dentro dessa concepção do ser humano como portador de aspectos positivos, foi desenvolvida essa teoria que pretende reunir e classificar as características positivas comuns a todas as culturas e sociedades (SELIGMAN; CSIKSZENTMIHALYI, 2000). Essas características receberam o nome de forças de caráter ou forças psicológicas (PETERSON; SELIGMAN, 2004), totalizando 24 forças agrupadas em seis valores ou virtudes:

- **1. Virtude Sabedoria e Conhecimento:** criatividade, engenhosidade e originalidade; curiosidade e interesse no mundo; juízo, pensamento crítico e abertura a novas ideias; amor pela aprendizagem e sabedoria. São forças cognitivas relacionadas com a aquisição e o uso do conhecimento como motivação para fazer algo novo, melhor ou de modo diferente; interesse por explorar e descobrir; analisar diferentes perspectivas e formar opiniões pessoais e alheias sujeitas a novos argumentos; gosto por aprender e estudar etc.

    Essa virtude é a base da dimensão profissional do PV. Desenvolvê-la facilitará que o jovem ou adulto seja empreendedor dos seus próprios projetos, tanto pessoais quanto laborais, e saiba empregar positivamente conhecimentos a fim de atingir seus objetivos.

- **2. Virtude Coragem:** coragem e bravura; honestidade, autenticidade e sinceridade; perseverança, assiduidade e diligência; deleite, entusiasmo e energia. São forças emocionais relacionadas com a vontade para atingir metas, inclusive quando há oposição interna ou externa; como manutenção do foco; persistência; compromisso; seriedade; agir de acordo com suas convicções; realizar atividades com motivação etc.

    Essa virtude é a que motivará o jovem a desfrutar do caminho rumo ao seu objetivo sem perder o foco e a ser persistente em relação às suas metas, enfrentando as adversidades de forma digna.

- **3. Virtude Humanidade:** capacidade de amar e ser amado; bondade e generosidade; inteligência social. São forças interpessoais que incluem o cuidado e as relações com os outros, como valorizar relações de afeto; ser altruísta e empático; compreender os sentimentos dos outros etc.

    Essa virtude será essencial em todas as esferas da vida do jovem ou do adulto, permitindo que ele abra caminhos por meio das relações que construir e que evolua como pessoa, promovendo a realização e o bem para si e para os outros.

- **4. Virtude Justiça:** cidadania, trabalho em equipe e lealdade; liderança; integridade, igualdade e justiça. São forças cívicas relacionadas com a vida comunitária saudável, como saber se sobressair em uma equipe visando o sucesso do grupo; exercer a imparcialidade e o respeito com os demais etc.

Essa virtude será especialmente valorizada nas dimensões social e profissional do projeto de vida, constituindo interações saudáveis e sustentáveis.

- **5. Virtude Temperança:** perdão e misericórdia; modéstia e humildade; autorregulação e autocontrole; prudência, cuidado e discrição. São forças que protegem contra os excessos, como misericórdia; destacar-se pelas ações e não por ego; disciplina; equilíbrio entre desejos, ações e emoções; ter cuidado e responsabilidade sobre o que faz e diz etc.

Essa virtude será a reguladora do desenvolvimento emocional e relacional, interferindo diretamente em todas as dimensões do projeto de vida, em especial na dimensão pessoal.

- **6. Virtude Transcendência:** apreciação da beleza e excelência; gratidão; esperança, otimismo e visão de futuro; bom humor e diversão; espiritualidade, senso de propósito e fé. São forças espirituais que estão conectadas com a concepção do universo e proporcionam significado à vida, como perceber a beleza na vida diária; tentar ver o lado positivo das situações; expressar agradecimento; gostar de rir e de provocar o riso nos outros; ter crenças saudáveis e coerentes com o propósito e o sentido da vida etc.

Essa virtude contribuirá para que o indivíduo se mantenha alinhado às suas crenças, que embasarão suas escolhas, suas atitudes e seus relacionamentos.

> **MINHAS FORÇAS**
>
> Segundo a Psicologia Positiva, conhecer as próprias forças favorece o desenvolvimento em todos os níveis: psicológico, biológico e social. Elas refletem-se em pensamentos, sentimentos e comportamentos que interferem diretamente em outros aspectos, como o bem-estar, e sofrem influência tanto de fatores hereditários quanto do contexto, ou seja, dos sistemas nos quais estamos inseridos; são universais e relativamente estáveis porque podem ser desenvolvidas e mensuradas.

Essas virtudes e forças que recebemos dos nossos antepassados – seja pela genética, seja pela convivência – e das pessoas com as quais convivemos hoje são essenciais na construção e implementação do projeto de vida.

Em diversos estudos científicos evidenciou-se o papel dessas forças como fatores preventivos de problemas, riscos ou dificuldades; além de serem um aspecto importante no tratamento dos transtornos psicológicos ou, ainda, como prognósticos de recuperação ou adaptação em psicoterapia (FERRAGUT; GONZÁLEZ-HERERO; RAMOS, 2019). Essas forças também são características importantes para o dia a dia, para desenvolver uma vida boa e satisfatória e para concretizar os objetivos e os planos de vida. São características intrínsecas às pessoas e com certa estabilidade ao longo da vida, embora possam ser cultivadas e desenvolvidas. No caminho do autoconhecimento é fundamental poder conhecer, explorar e treinar as forças que cada um considera mais importantes e úteis para viver uma vida plena.

As forças e virtudes, que a partir de outra perspectiva teórica equivaleriam às competências socioemocionais, são elementos essenciais para a formação integral dos alunos, indo além dos conhecimentos dos componentes, formando jovens (e futuros adultos) emocionalmente preparados para a vida.

Em suma, através destas páginas pretendemos oferecer subsídios para que você possa ter consciência, refletir e conectar com os seus antecedentes forças e aspectos positivos que tragam a energia necessária para enfocar o seu projeto de vida atual e futuro. Esperamos que essa experiência sirva também para acrescentar recursos ao exercício da sua prática pedagógica em PV.

Atividades

O objetivo final das atividades apresentadas a seguir é que você realize um breve esquema do seu projeto de vida para os próximos anos por meio de exercícios práticos. Esses exercícios também poderão ser realizados com os seus alunos.

Durante um período, você irá trabalhar sobre diferentes perguntas e atividades que o levarão a refletir e investigar sobre os aspectos positivos da sua história pessoal, familiar e profissional.

Para isso, é importante que você utilize um caderno no qual possa ir anotando as perguntas e as respostas às propostas, assim como tudo o que você for pensando, e destacando o que chamar a sua atenção nesse processo. Talvez você prefira fazê-lo em formato digital. No entanto, considere que pode ser interessante vivenciar a sua escrita à mão, reconhecendo-se na sua letra, que é única.

Você pode adaptar a proposta atribuindo a função de "diário de bordo" ao caderno no qual fizer suas anotações, ou seja, um registro sistemático que permita a revisão dos fatos e o histórico dos acontecimentos e das suas reações. A escrita livre dos sentimentos e a reflexão sobre eles contribuem para o autoconhecimento e para o desenvolvimento socioemocional dos seus alunos e seu.

Tanto o seu caderno/diário quanto os dos jovens não precisam ser compartilhados; os registros pessoais devem ser respeitados e acessados apenas caso o autor deles o deseje. Ele pode ser utilizado como autoavaliação, ajudando o aluno (e você) a retomar os sentimentos e perceber a evolução em relação a eles.

Esse material pode ser personalizado e ilustrado com imagens ou em vídeos que representem determinados momentos e vivências e que possam evocar lembranças das emoções que despertaram, sejam positivas ou negativas, contanto que sejam utilizadas como forma de aprendizagem sobre si e sobre o entorno.

Todas as suas anotações serão úteis para você refletir sobre o projeto final. É importante se dedicar ao projeto constantemente, reservando todos os dias um momento ao trabalho de autodescoberta e introspecção.

Atividade 1: Autoapresentação

- **OBJETIVO**: conhecer-se por meio da escrita autobiográfica.

Esta atividade introdutória é a sua apresentação, que deve ser feita por escrito no caderno. O ideal é que ela seja diferente da que fazemos normalmente: você deve dizer de onde você vem e detalhar características positivas suas. Pense na sua bagagem e nos aspectos que fizeram você chegar onde está e que podem tê-lo ajudado ao longo da vida. Não tenha medo de parecer convencido ou de não ser humilde.

Como exemplo, nós nos apresentamos:

"Me chamo Margarita, e a escolha do meu nome é graças à minha tia Margarita, irmã da minha mãe. Minha tia morreu jovem, aos dezenove anos, o que causou um grande impacto na família. Minha mãe, que era muito próxima dela, decidiu colocar este nome na sua primeira filha. Acredito que isso teve uma grande influência na minha vida, o que, entre outras coisas, me aproximou muito da família da minha mãe. Esta parte da minha família se caracteriza por estar representada por muitas mulheres que dedicaram sua vida, de diferentes formas, a ajudar as pessoas. Eu tenho a enorme sorte de trabalhar em uma profissão de ajuda: a Psicologia. Considero que é minha vocação, que trabalhei sempre com o que eu adoro, além de poder dividir, por meio da docência, aquilo que aprendi com a minha experiência profissional. Uma característica que acredito que foi positiva na minha vida profissional é que coloco muito entusiasmo em tudo o que empreendo, como por exemplo neste capítulo de livro."

"Eu sou Marta e tive a oportunidade ao longo da minha vida de ocupar lugares diferentes que permitiram que eu me adaptasse a muitas situações e fosse flexível e respeitosa com as demais pessoas. Meus pais se separaram quando eu era muito pequena e pude ser filha única, irmã mais velha, irmã mais nova e irmã do meio. Essa situação me fez estabelecer uma conexão e uma admiração tão importante pela minha mãe que escolhi seguir seus passos profissionalmente. Ser mãe foi a experiência mais bonita e ao mesmo tempo a mais desafiadora que enfrentei até hoje, e me fez valorizar mais e ser melhor na minha profissão, sempre colocando a minha família em primeiro lugar, mas buscando o equilíbrio. Aprendi com a minha família a ser independente, eficaz e procurar sempre o lado mais positivo de cada situação."

Faça a sua apresentação contando brevemente sua história de vida, sua trajetória pessoal e profissional, os fatos mais marcantes, as características que o definem etc.

Ao terminar de redigir seu texto, analise como você se descreve e o que destaca de si. Não há respostas certas ou erradas nessa atividade; no entanto, é importante observar se você ressalta seus aspectos positivos e como se define para si mesmo e para os outros.

Atividade 2: Atividades e profissões familiares

- **OBJETIVO**: apresentar e tomar consciência da história familiar relacionada com as atividades profissionais e/ou acadêmicas de seus membros.

- **A.** Pesquise:
    - Quais trabalhos os seus familiares realizaram? Que profissões exerceram?
    - Quais aptidões cada um tinha e não utilizou no seu desenvolvimento profissional? Por exemplo: talento para música, pintura, tarefas manuais etc.

- **B.** Desenhe um genograma e anote nele as atividades laborais e/ou profissionais realizadas pelos seus familiares.

O genograma deve ser como uma árvore genealógica com as profissões de cada um. Ele é uma representação gráfica de pelo menos três gerações de uma família e pode representar diversas informações.

Antes de começar, escolha quais informações irá representar: nome, idade, lugares nos quais viveu e processos migratórios (se for o caso), aptidões, forças, profissões exercidas, estudos realizados, relação com o dinheiro, lugar que ocupavam as mulheres na família etc. Você pode fazer vários genogramas ou representar todas as informações em um só. Vamos começar por um simples, centrado nas profissões ou atividades realizadas.

A figura a seguir representa um exemplo de genograma de profissões. Para desenhá-lo, são utilizados símbolos: neste caso, os círculos representam as mulheres e os quadrados, os homens. Trata-se de representar visualmente a rede de relações familiares e sua conexão. Recomendamos começar por você e ir subindo os níveis até chegar aos seus bisavôs.

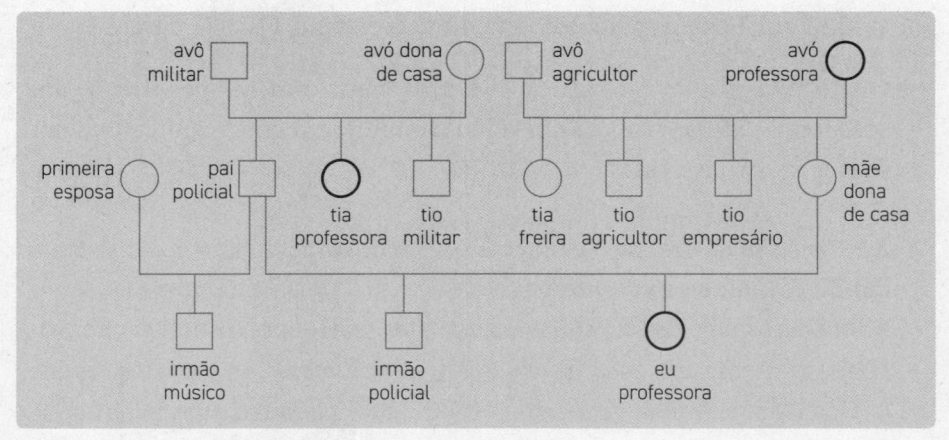

Figura 1: Exemplo de genograma.

Neste exemplo podemos destacar que algumas profissões se repetem em ambas as famílias (homens: policiais, agricultores; mulheres: donas de casa; professoras), o que é muito comum. Neste caso, a pessoa central do genograma se identifica como professora e possui antecedentes dessas profissões tanto na família materna quanto na paterna.

Para realizar o seu genograma é interessante que pesquise dados da sua família, perguntando aos familiares que possam ter informações, principalmente os mais velhos. Aprofunde e tenha consciência dos silêncios familiares, daqueles membros dos quais se tem pouca informação, daquelas etapas ou circunstâncias da história familiar menos conhecidas. É importante também ter em conta os acontecimentos sociais que ocorreram na época de cada um e o lugar em que viviam, assim como as (e/i)migrações devido a questões laborais ou vitais.

Os trabalhos que se repetem na história familiar, as profissões escolhidas similares ou diferentes, as semelhanças ou divergências entre os trabalhos das mulheres e dos homens da família podem nos dar pistas sobre nosso objetivo e nossos interesses profissionais. Isso não significa que temos que repetir a história dos nossos antepassados, e sim que conhecê-la nos ajuda a refletir sobre a influência que ela exerce nas nossas decisões por serem nossos primeiros modelos sociais e interferirem ao longo de toda a nossa vida, servindo de exemplo ou contraexemplo de carreira, aposentadoria, conquistas através do trabalho, autorrealização etc.

Atividade 3: Forças psicológicas da sua família

- **OBJETIVO**: tomar consciência das suas características positivas e das suas forças psicológicas, assim como da influência que a família tem nos seus gostos e interesses.

- **A.** Quais são as forças psicológicas que mais caracterizam o seu sistema familiar? Indique ao menos três.
- **B.** Analise: quais dessas forças ou virtudes mais representam você?
- **C.** Escreva em cada uma das suas forças, interesses ou virtudes de que pessoa da sua família você pode ter herdado: pai, mãe, tios, avós etc.

Reflita sobre quanto essas forças fazem parte da sua identidade, mesmo que você não tenha um bom relacionamento com algum familiar. Seja pela identificação, seja pela rejeição, é muito provável que as forças da sua família estejam presentes, de alguma maneira, na sua forma de ser e de se relacionar.

Atividade 4: Interesses dos seus antepassados

- **OBJETIVO**: ser consciente das habilidades e dos interesses dos membros da família que não puderam ser desenvolvidos. Conhecer as "coincidências" e identificar de quem você se considera mais próximo, com quem você se parece mais e com quem pode ter laços afetivos mais sólidos.

Para essa investigação, você terá que conversar com seus familiares e fazer anotações.

- **A.** Pesquise:
  - O que os seus familiares mais próximos gostariam de ter feito e não puderam fazer devido às circunstâncias?
  - Qual teria sido o trabalho ideal para eles, com o qual se sentiriam realizados?
  - De todos esses trabalhos, qual chama mais a sua atenção?
  - O que as mulheres e os homens da sua família não puderam realizar profissionalmente em outras épocas e você hoje pode?

Analise a influência do contexto social nas escolhas e na carreira dos seus familiares e os impactos na realização ou frustração profissional deles, assim como nas dimensões pessoal e social de suas vidas.

Olhar para o passado com uma perspectiva afetiva e histórica pode ajudar a compreender a importância de se considerar todas as dimensões na elaboração de um projeto de vida – pessoal, social e profissional –, dado que estão diretamente relacionados e sofrem influência de agentes externos.

Atividade 5: Capacidades naturais

- **OBJETIVO**: reconhecer as suas capacidades naturais (aptidões) para poder desenvolvê-las.

- **A. Reflita:**
    - No que você sabe que é bom?
    - O que você faz bem sem muito esforço?

Reflita sobre suas aptidões, mesmo que não as veja com potencial profissional. Reconheça seu valor em determinadas atividades e relações, como cuidar de plantas, aconselhar amigos, organizar eventos e viagens etc.

Atividade 6: Currículo afetivo

- **OBJETIVO**: fazer um currículo diferente no qual inclua as experiências que marcaram ou influenciaram a sua vida e que podem contribuir para sua reflexão sobre projeto de vida.

- **A. Responda e crie seu currículo afetivo.**
    - Quais cursos que você realizou o impactaram? O que você destacaria deles?
    - Quais livros, filmes, séries ou músicas o marcaram?
    - Quais serviços ou ajuda você ofereceu a outras pessoas e gostaria de mencionar?
    - Que tipos de trabalho ou estudo você acha que podem se beneficiar das suas forças e aptidões?

As respostas podem ser organizadas por tema, local e data, como em um currículo convencional, ou por ordem de relevância para você, por sentimentos envolvidos, fases da sua vida etc.

O objetivo da atividade evidentemente não é elaborar um currículo profissional real, e sim pensar, a partir das próprias vivências e sentimentos, como eles poderiam se relacionar com atividades sociais ou laborais a serem desenvolvidas por você.

Embora você, professor, já tenha a sua profissão definida, essa atividade pode contribuir para que identifique *hobbies*, formas de atuar na sua comunidade, outras áreas de atuação paralelas e/ou complementares à docência, ou, ainda, que considere uma mudança de carreira.

Atividade 7: A força do passado e o potencial do futuro

- **OBJETIVO**: utilizar forças do passado e do presente para empreender os projetos de futuro, desenhando uma linha do tempo.

Isole-se em um lugar tranquilo no qual possa estar quinze minutos sem ser interrompido. Se for realizar a atividade com seus alunos, você pode aplicá-la em sala ou em algum espaço amplo da escola no qual eles possam se mover, como no pátio ou na quadra.

- A. Siga os passos.
    - Coloque no chão uma folha de papel ou marque uma linha que represente o presente, outra um pouco mais para trás que represente o passado e uma mais adiante que simbolize o futuro.
    - Você pode colocar uma música de fundo que seja instrumental e relaxante.
    - Comece se posicionando na linha do presente e, se quiser, feche os olhos. Observe como você se sente, que imagens vêm à sua mente e procure detectar que sensações positivas você identifica nesse momento. Ao abrir os olhos, registre essas sensações.
    - Depois vá à linha do passado e observe como você se sente, quais aspectos do seu passado são os que lhe dão força e o impulsionam no presente. Pense nas pessoas do seu passado que o reconfortaram e ajudaram a chegar ao presente. Imagine-as e agradeça a elas por isso.

- Volte para a linha do presente e perceba toda a força que você traz do passado. Sinta-se mais forte e com mais energia para avançar para o futuro. Se quiser fazer do futuro algo diferente do que a sua família fez, propomos que repita internamente frases como: "Agradeço pelo que vocês fizeram e me deram, e agora me permitam fazer as coisas de uma forma diferente".
- Posicione-se diante da linha do futuro. Visualize o que você quer alcançar na sua vida pessoal, social ou profissional. Se estiver sozinho, diga: "Sou... e agora trabalho com... e gosto do meu trabalho".

Se estiver em sala com seus alunos, peça que se posicionem diante da linha do futuro e se apresentem uns aos outros, como se eles se reencontrassem depois de algum tempo e comentassem como está sua vida pessoal, com o que trabalham, o que fazem no âmbito social e que estudos realizam.

- Volte à linha do presente e reflita sobre o que você sentiu quando se posicionou diante da linha do futuro, fez projeções para ele e se apresentou como a pessoa que você deseja ser.

O movimento pela própria linha do tempo contribui para a conscientização do impacto no futuro das decisões tomadas no passado e no presente e da influência dos sistemas familiar e social. Além disso, permite a projeção, ou seja, o lançamento ao futuro daquilo que se deseja e a autovisualização concretizando o objetivo desejado.

Atividade 8: Projeto de vida

- **OBJETIVO**: realizar um breve projeto de vida baseado nas suas forças psicológicas e no apoio do seu sistema familiar.

Antes de iniciar esta última etapa, retome o seu caderno e todas as anotações que você fez nessa trajetória de autoconhecimento, conexão com o seu passado e alinhamento com o seu futuro. Reflita sobre como você se sentia no início do processo e como se sente agora: está mais preparado para pensar sobre o seu presente e o seu futuro com base na retomada do seu passado? Reconhece em você características psicológicas e profissionais dos seus antepassados que o trouxeram até aqui e que podem motivá-lo a seguir seu caminho? As suas escolhas para a sua vida pessoal, social e profissional são semelhantes ou diferentes das dos seus antepassados?

- **A.** Responda:

    1. Antes de elaborar o seu projeto de vida, defina a sua visão, o seu propósito, ou seja, o que você quer alcançar no futuro. Você pode consultar o Capítulo 2 para retomar a definição e a identificação de propósito.

    2. Que projeto de vida pessoal, social ou profissional você pode começar a projetar que reúna as forças psicológicas que você tem e que recebeu dos seus antepassados e que o motivaria em relação ao seu futuro?

- **B.** Defina quais são as suas metas para, com base nelas, concretizar o que você pode fazer já, a partir do presente.

    Comece escrevendo algumas frases curtas e aos poucos vá ampliando e acrescentando detalhes aos seus objetivos, até que esteja satisfeito com eles. Caso já tenha um projeto de vida elaborado e em prática, retome-o analisando especificamente as suas forças psicológicas e como elas podem contribuir para auxiliar ou dificultar o cumprimento dos seus objetivos. Analise seu PV também considerando seu sistema familiar: o apoio da família próxima atual (a de origem e a construída, se for o caso), as influências dos antepassados, o impacto do seu projeto na vida dos seus antecessores vivos e na dos seus descendentes (se tiver), assim como as consequências do seu projeto para os demais sistemas sociais dos quais você faz parte, como amigos, vizinhos, colegas de trabalho etc.

    Independentemente do estágio em que se encontra o seu projeto de vida, considere que, assim como a vida, o seu projeto é dinâmico e será reescrito todas as vezes que for necessário para que se alinhe à sua realidade e aos seus novos objetivos a curto, médio e longo prazo.

Assim como nós lhe propusemos essas atividades, você pode repetir esse projeto com seus alunos, fazendo essas e outras perguntas que julgar relevantes às necessidades deles. Você é quem melhor conhece as demandas, dificuldades e forças dos seus jovens e pode estipular quais questionamentos farão sentido, considerando o momento de vida, os conhecimentos e as vivências deles.

Pode-se ampliar o trabalho proposto questionando os estudantes sobre quais são as forças que consideram mais desenvolvidas e quais são as que precisariam ser mais trabalhadas. Com base nesses dados, faça um planejamento didático no qual a cada mês sejam desenvolvidas duas ou três forças. No entanto, reitere que as forças psicológicas e as virtudes são desenvolvidas ao longo de toda a vida e as atividades escolares visam a prepará-los para identificá-las e fortalecê-las.

Considerações finais

Como pôde observar, são diversas as linhas da Psicologia que contribuem para a área de Projeto de Vida e a fundamentam a partir da perspectiva do desenvolvimento humano. No entanto, o professor de PV não precisa ter formação nessa área para ministrar essa unidade curricular; ele pode se valer de seus estudos iniciais em Licenciatura e ampliá-los com formações autodidatas, cursos, especializações etc.

A base de estudo e de atuação tanto da Psicologia quanto da Educação é o ser humano: é o jovem, é o ser em processo de formação integral, para o qual tanto o psicólogo quanto o educador se prepararam e com o qual estão aptos a contribuir.

O desenvolvimento pessoal, social e profissional deve ser uma constante tanto na vida dos jovens quanto na dos adultos, incluindo você, professor, que está neste momento ampliando seus conhecimentos para fazer a diferença para seus alunos – e para você – por meio da educação.

Seu projeto de vida

A proposta apresentada neste capítulo convidou você a (re)pensar seu projeto de vida a partir da perspectiva da Psicologia, com foco específico nas suas forças e na influência da sua história pessoal, em especial da sua família.

As atividades apresentadas têm como objetivo despertar a reflexão sobre a importância do autoconhecimento e das relações interpessoais que são impostas e/ou construídas ao longo da vida.

Propomos que você reflita sobre o referencial teórico apresentado neste capítulo, considerando as dimensões pessoal, social e profissional do seu projeto de vida e as Competências Gerais da BNCC e da BNC – Formação Continuada: 8 – Autoconhecimento e autocuidado e 6 – Trabalho e Projeto de Vida.

Provavelmente, em alguma circunstância pessoal ou profissional você vivenciou um processo de aconselhamento que em certa medida se assemelhou ao do *Coaching*: foi assessorado por alguém que o ajudou a pensar nos seus objetivos, ou foi você o *coach* de alguém, ainda que de modo inconsciente e não estruturado. O convite agora é para que você retome essas experiências com uma perspectiva embasada teoricamente e possa avaliar que tipo de orientação seria útil para despertar o autoconhecimento e contribuir para a definição ou o ajuste de objetivos.

Se você fosse o seu *coach*, o que se diria? Quais aspectos sobre você mesmo precisam ser aprofundados? De que forma eles impactam seu propósito e, consequentemente, os objetivos do seu projeto de vida?

Nessa trajetória interna de se conhecer e se aconselhar, provavelmente será preciso resgatar as motivações que o fizeram escolher determinados caminhos e analisar, com perspectiva, sua maturidade no momento da tomada de cada decisão. Para isso, será fundamental pensar sobre os sistemas envolvidos nesse processo – família, amigos, colegas de trabalho etc. – e sobre a influência deles em quem você era naquele momento e em quem você é hoje. Não se trata de "buscar culpados", mas de identificar quais foram seus modelos e seus antimodelos, e reconhecer neles e em você características que os definem e que se refletem em quem você é e, principalmente, em quem você quer ser. O passado constitui nossa história, mas não é o fator determinante para o futuro: a construção do seu projeto de vida é feita no presente e é nesse mesmo tempo que ele começa a ser implementado.

Seu projeto de vida deve estar alinhado com a sua personalidade e com as suas virtudes e forças. Ao traçá-lo, há um compromisso seu consigo mesmo e com o seu entorno, considerando que, ao implementá-lo, você também exercerá influência nos sistemas ao seu redor, assim como é impactado pelos projetos de vida dos outros.

Sugerimos que primeiro faça as atividades propostas neste capítulo e, posteriormente, aplique-as aos seus alunos, de modo que tenha repertório para orientá-los nesse processo com base na sua própria vivência. Após o trabalho com os jovens, retome seu caderno ou diário e os resultados das atividades e reflita sobre o impacto da vivência com os alunos no seu olhar sobre o seu projeto de vida. O sistema profissional no qual você está inserido o constitui e afeta direta ou indiretamente o seu PV, reiterando-o ou contribuindo para que você o redesenhe.

Conheça-se constantemente como pessoa, como cidadão, como profissional. Todas as dimensões do seu projeto de vida estão relacionadas, elas refletem todos os seus sistemas.

Defina objetivos concretos de autoconhecimento e, se possível, estabeleça metas semanais de tempo para a reflexão pessoal, mesmo que sejam poucos minutos. Exerça a escrita como processo de elaboração e vazão dos pensamentos e sentimentos; ela também terá a função de ser um registro dos momentos vividos. Estruturar e nomear o que se sente e vive é parte do conhecimento de si e do outro e tem um papel fundamental na identificação de forças pessoais e da influência que os sistemas exercem sobre nós.

Construa e implemente a dimensão pessoal do seu projeto de vida todos os dias. O projeto, assim como a vida, é uma projeção para o futuro, mas é realizado no presente.

Referências

BERTALANFFY, Ludwig von. *Teoria geral dos sistemas*: fundamentos, desenvolvimento e aplicações. Petrópolis: Vozes, 2014.

CUNHA, Alex Garcia da. *Coaching instrucional*: formação continuada em ensino de línguas. São Paulo: Parábola, 2016.

FERRAGUT, Marta; GONZÁLEZ-HERERO, Vanessa; RAMOS, Natalia. Fortalezas psicológicas: la otra cara de la psicopatología. *In*: ORTIZ-TALLO, Margarita (coord.). *Psicopatología clínica*: adaptado al DSM-5. Madrid: Pirámide, 2019.

FRANKE-GRICKSCH, Marianne. *Você é um de nós*. Belo Horizonte: Atman, 2005.

HELLINGER, Bert. *To the heart of the matter*: brief therapies. Heildelberg: Carl-Auer-Systeme-Verlag, 2003.

PETERSON, Christopher; SELIGMAN, Martin Elias Peter. *Character strengths and virtues*: a handbook and classification. Washington, DC: American Psychological Association, 2004.

SATIR, Virginia. *Conjoint family therapy*. Palo Alto: Science and Behavior Books, 1993.

SCHÜTZENBERGER, Anne Ancelin. *¡Ay, mis ancestros!*. Barcelona: Taurus, 2008.

_____. *Psicogenealogía*. Málaga: Sirio, 2021.

SELIGMAN, Martin Elias Peter; CSIKSZENTMIHALYI, Mihaly. Positive psychology: an introduction. *American Psychologist Association*, Washington, DC, v. 55, p. 5-14, 2000.

WHITMORE, John. *Coaching*: el método para mejorar el rendimiento de las personas. Barcelona: Paidós Empresas, 2011.

CAPÍTULO 4

PROTAGONISMO JUVENIL E PROJETO DE VIDA: O JOVEM SE CONHECE E CAMINHA SUA PRÓPRIA JORNADA

Petrina Santos

O século XXI titula o novo tom dos desafios a serem vivenciados enquanto sociedade. Além de anunciar a 4ª Revolução Industrial, esse período demanda soluções que estejam à altura de desafios cada vez mais complexos, ambíguos, voláteis e incertos, de acordo com o Fórum Econômico Mundial (2015), em um mundo que tem se configurado cada vez mais frágil e imprevisível.

Preparar a juventude e formar novas lideranças que tenham as capacidades analíticas e emocionais orientadas a uma visão holística e de desenvolvimento integral será essencial para que os processos de tomada de decisão sejam assertivos e estejam conectados à prosperidade pluridimensional das ações que envolvam todos os setores da sociedade, em seus aspectos econômicos, ambientais, culturais e políticos. Nesse sentido, é imperativo o protagonismo juvenil, no que tange às perspectivas culturais das juventudes e do desenvolvimento educacional em prol das mudanças necessárias a um mundo que clama por sustentabilidade.

Além disso, enquanto o jovem desenvolve competências técnicas e socioemocionais, consolida seu projeto de vida, ferramenta fundamental que promove o planejamento profissional baseado em anseios, inspirações, interesses e habilidades pessoais. Alinhada a isso, a conexão com as tendências globais, bem como o papel e suporte dos docentes e mentores nesse processo, são fatores de sucesso tanto para que a competência do protagonismo seja difundida e desenvolvida quanto para que seja acessível, verdadeira e internalizada pelas juventudes.

Neste texto vou tratar do protagonismo, compartilhando as experiências de um projeto desenvolvido com base em uma metodologia própria inspirada no *Design Thinking* e em quatro pilares: acolhimento, confiança, facilitação e mentoria, retratando a experiência e os resultados conquistados em sua implementação em escolas públicas regulares e de ensino técnico com estudantes de treze a dezoito anos do 9º ano do Ensino Fundamental e do Ensino Médio, em geral inseridos em contextos de vulnerabilidade social.

O objetivo desses projetos era colocar o jovem no centro de sua vida e capacitá-lo para fazer escolhas melhores, como um despertar para o seu projeto de vida, preparando-o para sua vida profissional e para o seu desenvolvimento humano integral e sustentável.

A jornada de aprendizagem se deu por meio de uma trilha formativa com encontros semanais realizados durante seis meses, nos quais foram abordados conceitos e práticas com foco em competências do século XXI, tecnologia, desenvolvimento sustentável, educação financeira, preparação para o mercado de trabalho e empreendedorismo. Os resultados alcançados evidenciaram uma compreensão holística pelo jovem participante de temas essenciais para o mundo em que vivemos hoje.

Tal projeto foi inovador porque aconteceu por meio da parceria entre o terceiro setor, o setor privado e as respectivas secretarias governamentais, atuando de forma complementar ao contexto escolar tradicional, somando esforços. Além disso, o projeto estava alinhado às políticas públicas educacionais e sociais que colocam o jovem no centro de sua vida e o capacitam para fazer escolhas melhores, objetivando o despertar do seu protagonismo pela premissa de Projeto de Vida proposto pela Base Nacional Comum Curricular (BNCC) (BRASIL, 2018).

Pode parecer muito desafiador unir esses quatro pilares – acolhimento, confiança, facilitação e mentoria – em uma única ação. No entanto, a inovação social, por meio da gestão de projetos e do engajamento de comunidades, propicia essa integração e o desenvolvimento das dimensões pessoal, social e profissional dos projetos de vida dos jovens, como veremos a seguir.

Essa experiência compartilhada aborda, essencialmente, o protagonismo juvenil. Porém, vale ressaltar que o docente, ao exercer seu papel de educador e de cidadão, também deve refletir sobre o seu protagonismo e a sua preparação para as demandas do mundo atual. Compreender as necessidades e assumir as responsabilidades exigidas pela sociedade são tarefas a serem desenvolvidas por todos.

Espero que as experiências relatadas contribuam para a sua prática e para as suas reflexões como profissional, como cidadão e como indivíduo.

Protagonismo juvenil e o princípio do desenvolvimento humano sustentável

As juventudes têm ganhado espaço nos focos de atuação dos organismos multilaterais internacionais, sendo incluídas nos documentos oficiais relacionadas ao termo "protagonismo". Nesse contexto, o conceito de protagonismo é associado a participação e cidadania, dentre outras referências (FERRETTI; ZIBAS; TARTUCE, 2004).

Ao definir o protagonismo juvenil como uma pedagogia democrática e ativa, fundamentada na cooperação e na ação, a participação cidadã é de fato estimulada a partir da realidade dos jovens (COSTA, 2001, p. 92). Tal protagonismo torna-se a chave da mudança quando vai ao encontro do Paradigma do Desenvolvimento Humano Sustentável, que é a base das orientações realizadas por organizações internacionais, como pontuado por Haq (1995) e Sen (2000).

O princípio do Paradigma do Desenvolvimento Humano Sustentável tem como foco estimular o aumento do crescimento econômico e assim oferecer maiores benefícios à sociedade, centrado nas pessoas a partir de suas liberdades (HAQ, 1995). Nessa perspectiva, o conceito de desenvolvimento humano proposto pelo Programa das Nações Unidas para o Desenvolvimento (PNUD), em 2015, é o "processo de ampliação das escolhas das pessoas para que elas tenham capacidades e oportunidades para serem aquilo que desejam ser". Nesse contexto, o crescimento econômico é um meio, mas não um fim, pois está centrado no potencial e nos desejos de cada indivíduo, expandindo seu campo de possibilidades.

O desenvolvimento humano sustentável associado ao protagonismo juvenil contribui para a formação de um cidadão ético e solidário, que atue como agente de transformação do *status quo* e que possa potencializar, cada vez mais, suas individualidades em conformidade com as mudanças estruturais e sistêmicas necessárias na contemporaneidade. Nesse sentido, o Projeto de Vida é essencial para que o processo de autoconhecimento adquira a mesma proporção do crescimento demandado.

O desenvolvimento sustentável engloba todas as esferas da vida humana e a sua interação com o meio (dimensão social de PV), considerando a história evolutiva até aqui, as tomadas de decisão no presente e uma perspectiva de progresso mais equilibrado. Para isso, é imprescindível pensar o protagonismo juvenil, que é um dos pilares da BNCC, à luz da educação para a sustentabilidade, considerando que as juventudes de hoje serão as lideranças de amanhã, por isso a importância de trazer os Objetivos de Desenvolvimento Sustentável (ODS), atual agenda da Organização das Nações Unidas (ONU) com os países, como assunto norteador para esse projeto. Tal perspectiva se reflete nas dez Competências Gerais da BNCC, em especial no Projeto de Vida e na proposta de Educação Integral, para a qual é essencial desenvolver o trabalho em equipe, a criatividade, a resolução de problemas, a visão sistêmica, a iniciativa, a comunicação, o planejamento. Essas e outras competências são a base para o jovem protagonista caminhar a sua própria jornada e, como será apresentado a seguir, permearam o projeto social desenvolvido por mim e por instituições da sociedade civil alinhado aos objetivos da educação regular.

> **REFLETIR E AGIR**
>
> As competências interpessoais, sociais e profissionais que são demandas em relação aos jovens no século XXI se aplicam também a nós, educadores. O alinhamento às necessidades do mundo atual, em especial às questões socioambientais, deve ser uma busca consciente de todas as gerações e de todos os agentes sociais. Enquanto cidadãos e profissionais protagonistas que somos, também cabe a nós refletir e agir visando nosso desenvolvimento de forma sustentável, incorporando-o não só à nossa prática pedagógica, mas também à nossa vida cotidiana.

Ao longo deste capítulo, há considerações sobre como você pode adaptar as atividades à construção do seu projeto de vida e do seu desenvolvimento. Se puder se reunir com outros educadores e promover encontros para a realização do projeto, será uma rica oportunidade de exercer o seu protagonismo, abrindo-se às trocas com os colegas. Caso não seja possível o compartilhamento de aprendizagens por meio da experiência coletiva, você pode se centrar nos aspectos mais pessoais da proposta, como a manutenção e a análise dos seus registros de reflexões.

Protagonismo juvenil aplicado a Projeto de Vida

Protagonismo juvenil como caminho para o desenvolvimento

Protagonismo é a base das competências e habilidades comportamentais e socioemocionais, principalmente quando se considera o desenvolvimento humano na fase da adolescência, durante o processo educativo, em um mundo de intensas transformações.

Segundo o estudo realizado pelo Fórum Econômico Mundial (2015), a contemporaneidade é simbolizada por alta Volatilidade (*Volatility*), Incerteza (*Uncertainty*), Complexidade (*Complexity*) e Ambiguidade (*Ambiguity*), contexto conhecido pela sigla Vuca[1] (BENNETT; LEMOINE, 2014), ao passo que o desenvolvimento sustentável e a busca de soluções são imperativos para a continuidade da história humana. Para exemplificar como esse acrônimo se relaciona diretamente com o protagonismo contemporâneo, utilizo como exemplo a pandemia causada pela covid-19, que se iniciou no ano de 2020, e seu grande impacto na educação:

- **Volatilidade (*Volatility*):** representa a velocidade com que as mudanças têm acontecido, sendo o desenvolvimento da tecnologia e a globalização

---

1 O conceito de Vuca, que surgiu nos anos 1990, tem sido atualizado pelo de Bani desde 2018 pelo antropólogo Jamais Cascio. A sigla Bani corresponde a: *Brittle* (Frágil), *Anxious* (Ansioso), *Nonlinear* (Não linear) e *Incomprehensible* (Incompreensível). A fragilidade refere-se às mudanças constantes e rápidas que o mundo tem vivenciado e que, em geral, impactam todos os setores: economia, sociedade, saúde, educação etc. Uma das consequências dessa fragilidade é a ansiedade gerada pela imprevisibilidade. Ao não se ter controle das situações, há maior dificuldade em se fazer planejamentos a longo prazo, dado que as mudanças não são lineares e nem sempre compreensíveis: os dados de hoje podem não ser suficientes para a definição de estratégias para um futuro incerto.

fatores essenciais para essa aceleração. Na área da Educação, percebemos essa volatilidade no momento de adequação da modalidade do ensino presencial para o on-line, o que demandou um grande esforço em um curtíssimo tempo para evitar ao máximo a evasão e o prejuízo dos alunos em sua vida escolar.

- **Incerteza (*Uncertainty*)**: ao não entendermos bem o que se transforma tão rapidamente, e muitas vezes sem ter bases estatísticas como histórico, a nossa capacidade de fazer projeções para o futuro é reduzida, gerando ambientes incertos. Em contexto escolar, um exemplo de incerteza foi a impossibilidade de manter o calendário de atividades, sendo necessário rever constantemente o planejamento a curto prazo, sem garantias de como funcionaria no futuro.
- **Complexidade (*Complexity*)**: em um mundo cada vez mais interconectado, há maior variedade de fatores que precisam ser levados em conta, o que torna determinada situação ou ambiente mais complexo. Essa complexidade foi percebida em todas as variáveis que tivemos que considerar para cada tomada de decisão durante a pandemia em relação ao ambiente escolar, tais como: situação de vulnerabilidade social dos alunos; aumento da violência doméstica; dificuldade de acesso à internet, aos equipamentos eletrônicos necessários aos estudos e à energia elétrica; insegurança alimentar devido à suspensão das merendas, dentre outros. Essas questões, que já eram complexas, durante a pandemia foram potencializadas pelos novos fatores do contexto sanitário.
- **Ambiguidade (*Ambiguity*)**: representa a lacuna de entendimento para compreender algo, podendo incluir informações difusas, incompletas etc. Nos âmbitos educacional e social, as *fake news* podem ser um exemplo de ambiguidade.

No contexto de Vuca, assim como no contexto de Bani (Frágil, Ansioso, Não linear e Incompreensível), o protagonismo juvenil é essencial para impulsionar iniciativas que levem os jovens a fazerem escolhas melhores "de estilos de vida saudáveis, sustentáveis e éticos" (BRASIL, 2018, p. 463) no presente com foco em um futuro mais próspero quanto à qualidade de ecossistemas, ao futuro do trabalho e à organização social. Essas escolhas são trabalhadas durante a construção de projetos de vida alinhados às motivações de cada jovem e com base em uma análise crítica da realidade local e global contemporânea, com ênfase no seu desenvolvimento sustentável.

Na nova realidade mundial, é fundamental pensar a educação por um prisma de inovação, capaz de adequá-la às demandas do século XXI. Por isso, proponho uma perspectiva baseada em quatro pilares, que são a base da metodologia com a qual tenho trabalhado ao longo dos últimos anos para a construção de projetos de vida: o acolhimento, a confiança, a facilitação e a mentoria.

1. ACOLHIMENTO: é importante cuidarmos para que as aulas ou oficinas de Projeto de Vida sejam receptivas, bem como um espaço para criatividade, troca e escuta ativa, sendo uma oportunidade para pensar novas possibilidades e para gerar cooperação entre os alunos, desenvolvendo suas habilidades interpessoais. Durante as aulas que ministrei, algumas práticas foram fundamentais para criar um ambiente propício para o desenvolvimento de PV, tais como:

a) Sentar em círculo para todos se verem. Podem ser realizadas dinâmicas de metodologias ativas e escutadas músicas que tragam energia, conexão e reflexão.

b) Começar os encontros com um momento de acolhida, por meio de perguntas norteadoras: como cheguei? Como me sinto? Quais são minhas expectativas para hoje?

c) Incentivar os jovens à avaliação individual, ou seja, a preencher a ferramenta de Projeto de Vida que foi utilizada como parte da metodologia (ver página 84). É fundamental que mantenham esse registro escrito para que seja possível revisitá-lo e revisá-lo, pois esse é um processo contínuo. Muitos alunos têm resistência a esse tipo de atividade, então é importante reforçar a relevância da escrita para o processo criativo e reflexivo e para o acompanhamento do autoconhecimento.

d) Incentivar a leitura dos textos escritos. É importante verbalizar o PV para torná-lo mais "concreto", para que o jovem, ao escutar-se falando das suas metas, se visualize concretizando-as, contribuindo para a sua autoconfiança e autoeficácia. Além disso, a troca com os demais colegas pode trazer *feedbacks* surpreendentes, com ideias de novas possibilidades a serem consideradas ou, inclusive, com acolhimento e apoio.

e) Por último e não menos importante, sugiro fechar os encontros com um momento de conclusão, com perguntas norteadoras: o que aprendi hoje? Quais os principais pontos que levo comigo? Como saio deste encontro? Fechar o ciclo de aprendizagem e deixar claros os próximos passos é fundamental para a percepção de segurança e continuidade da trilha formativa, fazendo com que o aluno seja consciente do processo e, assim, se implique nele.

Ao pensar nesse pilar na construção do seu projeto de vida, professor, você pode se centrar no registro avaliativo pessoal, de modo a construir uma linha da sua trajetória de autodesenvolvimento com base no que sentiu e aprendeu em cada etapa.

2. CONFIANÇA: para o momento dedicado ao Projeto de Vida, é fundamental criar um ambiente em que haja empatia e abertura. Em minha experiência, lidar com a baixa autoestima e autoeficácia de grande parte dos jovens é um desafio. A meu ver, a escuta ativa e o olhar atento no mesmo nível dos jovens são as ferramentas que mais ajudam na construção de vínculo. Ao serem ouvidos com atenção e sem juízo de valor sobre seus anseios para a vida, os jovens tendem a se sentir respeitados e veem no outro o reflexo de seu potencial interno, sendo um incentivo para seguir a jornada. Nesse contexto, é uma responsabilidade sermos agentes facilitadores que ancoram e dão passagem para a próxima etapa. Por isso a importância de tratar o processo com base na construção de relações de respeito e motivação.

Pela minha experiência, os resultados desse processo tendem a não ser percebidos a curto prazo; o reconhecimento das conquistas pessoais e profissionais dos jovens costuma vir à tona a médio e longo prazo.

Atualize as questões para o seu momento atual: como se vê hoje? Confia na sua capacidade de concretização de projetos pessoais, sociais e profissionais? Tem incentivo de pessoas próximas e de outros profissionais?

Ao aplicar o pilar da Confiança à construção do seu projeto de vida, professor, reflita sobre como se sentia durante a juventude: era autoconfiante? Acreditava no seu potencial de planejamento e realização de objetivos? Foi incentivado por educadores ou outras pessoas?

3. FACILITAÇÃO: é essencial que o docente seja um agente facilitador do processo de aprendizagem e de desenvolvimento, ou seja, faça as perguntas certas, mas não dê as respostas. A facilitação ajuda a estabelecer relações entre ideias, saberes e vivências. Alguns exemplos de perguntas que podemos fazer aos nossos alunos como professores facilitadores são:

a) O que é inegociável para mim? Do que não abro mão em minha vida?
b) Quais são meus talentos? O que faço bem?
c) Quais são minhas características a melhorar? De que forma elas me ajudam a perceber oportunidades de crescimento?
d) O que eu considero um dia perfeito para mim e como isso pode ser representado no futuro?
e) Quais objetivos quero alcançar? Quais são os meus sonhos? O que faz meu coração vibrar em realizar?
f) Quais são as ideias e os bons pensamentos que passam pela minha cabeça?

Quando você faz as perguntas norteadoras certas, ativa a reflexão dos alunos, conduzindo-os a pensar sobre suas vidas sem dar respostas ou influenciar suas decisões; o jovem é o protagonista e o professor, nessa jornada, oferece um "espelho" para que ele se veja, se conheça e identifique seus interesses e potencialidades.

Ao adaptar esse pilar da metodologia à construção do seu PV, você pode se fazer as mesmas perguntas propostas aos alunos. Se puder contar com colegas da área de Projeto de Vida ou de Psicologia para a condução dessa atividade, pode ser uma experiência engrandecedora, colocando-se no lugar de aprendiz conduzido por um profissional preparado.

4. MENTORIA: este último pilar se pauta na perspectiva da Educação Corporativa, que é aquela realizada dentro das organizações e que promove a interação dos jovens com profissionais experientes do mercado de trabalho em variados setores de atuação. A presença de uma terceira pessoa além do professor e do aluno, que soma outras experiências ao processo de construção do PV, é muito enriquecedora.

A mentoria pode acontecer de duas formas: individual, quando um mentor se dedica ao acompanhamento direto de um mentorado, ou coletiva, quando o mentor se dedica ao acompanhamento direto de um ou mais grupos de jovens durante uma trilha formativa.

Assim como na Educação Básica o professor é o facilitador das descobertas e da aprendizagem do aluno, na mentoria o mentor é quem assume esse papel de orientação e modelo, com foco específico na área de atuação profissional na qual o jovem se inicia, em um processo de abertura a trocas, de ensino e de aprendizagem.

Outra maneira de propiciar trocas entre a escola, a formação técnica e/ou acadêmica e o mercado de trabalho é conectar as atividades de Projeto de Vida com ações estratégicas, como feiras de profissões, roda de conversas com universidades, palestras com ex-alunos e com convidados externos, como profissionais especializados em carreiras nas diversas áreas, contribuindo, assim, para o desenvolvimento da dimensão profissional do PV dos alunos.

Em minha perspectiva, essas trocas também são uma forma de mentoria e os recursos proporcionados pela disciplina de Projeto de Vida tornam o jovem capaz de estar atento às oportunidades disponíveis e/ou de criar suas oportunidades, sendo protagonista de sua própria história ao passo que dá forma à construção de sua rede profissional e expande seu ponto de vista sobre a realidade.

Quanto à construção do seu projeto de vida, professor, se for possível, peça a um colega da área para realizar o processo de mentoria com você. Esse profissional pode ser um coordenador ou psicopedagogo da instituição em que trabalha ou um profissional que atue no setor empresarial. O importante é que essa pessoa realize a mentoria de forma isenta e tenha clareza sobre o papel que deve exercer: de condução de atividades, e não de julgamento ou de tomada de decisões.

Protagonismo juvenil na prática

Quando se trata de colocar em prática atividades de protagonismo juvenil, uma abordagem muito efetiva é prototipar/testar, porque isso permite experimentar uma ideia, percepção ou hipótese e permite errar. Assim, as falhas são consideradas parte do processo de aprendizagem porque possibilitam uma mudança rápida em relação ao que se havia pensado para uma melhor adequação ao que é esperado.

O jovem está em constante transformação e em busca de seus sonhos, logo metodologias ativas, como a cultura *maker*, em consonância com esse momento de vida, por meio da empatia, abertura à criatividade e possibilidade de experimentação de ideias antes de implementá-las, tendem a trazer melhores resultados.

Esses são os principais fundamentos do *Design Thinking*, uma metodologia que possibilita a organização de ideias de modo a estimular a busca por conhecimento por meio do pensamento crítico e criativo, desenvolvida pelo professor David Kelley, da Universidade Stanford, e por Tim Brown, autor do livro *Design Thinking: uma metodologia poderosa para decretar o fim das velhas ideias*.

Na proposta desses autores, a metodologia se organiza em cinco etapas:

1. **Criar** empatia realizando uma imersão no problema a ser resolvido.
2. **Definir** as questões principais a serem resolvidas, analisá-las e planejar como resolver.
3. **Idear**: gerar debates e discutir ideias para a solução do problema em questão de forma colaborativa.
4. **Prototipar**: criar protótipos das ideias principais para analisar sua eficácia.
5. **Testar**: experimentar, isto é, colocar os protótipos em prática.

Na nossa adaptação da metodologia ao projeto de construção de PV, foram estipuladas as seguintes etapas:

1. **Explorar**: identificar o que caracteriza os jovens e seus desejos (o autoconhecimento). Nessa etapa, incluímos o trabalho com a análise Swot/Fofa, explicada no respectivo item (ver página 81).

2. **Entender**: compreender os aspectos pessoais identificados na etapa de exploração por meio da Matriz Fofa, quais são os pontos positivos e o que precisa ser melhorado, e estabelecer metas de desenvolvimento (pessoal, social e/ou profissional).
3. **Criar**: discutir, de forma colaborativa, diferentes soluções para um problema fictício ou real, com base no desafio do marshmallow e em um *brainstorming* em grupos (ver páginas 86-87), para que se familiarizem com o processo reflexivo, colaborativo e criativo de resolução de problemas.
4. **Prototipar/Testar**: simular contextos que permitam uma vivência da meta de desenvolvimento estabelecida nas etapas anteriores e analisar sua viabilidade.

Na minha proposta, unem-se as etapas 4 e 5 do *Design Thinking* original, dado que, devido à duração e ao escopo do projeto que desenvolvi, não seria possível acompanhar toda a implementação de uma meta. No entanto, caso seja viável, você pode dar continuidade à metodologia e acompanhar o desenvolvimento das metas dos seus alunos ao longo do Ensino Médio no curso de Projeto de Vida.

A seguir, comento cada etapa da metodologia *Design Thinking* adaptada ao contexto de desenvolvimento de Projeto de Vida:

- ETAPA 1: Explorar

Este primeiro passo tem como objetivo fazer uma imersão no contexto dos jovens: entender seus anseios, crenças, pontos de vista, necessidades e hábitos, que podem ser característicos de sua geração ou originados da influência de amigos e do meio em que vivem.

Nessa fase, um ponto importante para estarmos atentos enquanto professores é que os alunos tendem a internalizar a culpa pelo que acontece fora do esperado e/ou desejado, e muitas vezes há fatores externos que não podem ser controlados por nós, ainda que sejamos parte fundamental do processo.

Esse momento propicia a oportunidade de despertar o protagonismo em seu real significado. O jovem ser protagonista de sua história não significa que tudo sempre passará a "dar certo" porque ele planejou, e sim que, como um ser humano em aprendizado e evolução, importantes recursos internos serão desenvolvidos para atravessar situações que envolvam frustração, mantendo-se resiliente e perseverante com seu projeto de vida.

Para trabalharmos com resiliência dentro da fase "Explorar" da metodologia *Design Thinking* em nosso contexto é preciso focar o autoconhecimento. Para isso, adapto ao ambiente escolar a análise Swot (*Strengths, Weaknesses, Opportunities, Threats*), em português conhecida como Fofa (Forças, Oportunidades, Fraquezas e Ameaças). Criada pelo professor e consultor em gestão de negócios Albert Humphrey em 1960 na Universidade Stanford, como fruto de seu projeto de pesquisa com empresas estadunidenses, a Matriz Fofa tem o objetivo de estruturar uma estratégia de negócios. No entanto, ao longo das últimas décadas, tem sido adaptada para o contexto de desenvolvimento profissional e, no nosso caso, pessoal e educacional.

Com base nessa Matriz Fofa adaptada, podemos conduzir um passo a passo autoexploratório para aprofundar as discussões sobre identidade, autoconceito, visão de si e do outro, diretamente relacionado à dimensão pessoal de PV e, indiretamente, às demais dimensões.

- **Atividade:** Matriz Fofa (adaptada)

  a) Oriente os alunos a, em uma folha em branco, desenharem um retângulo com quatro quadrantes e os respectivos itens:

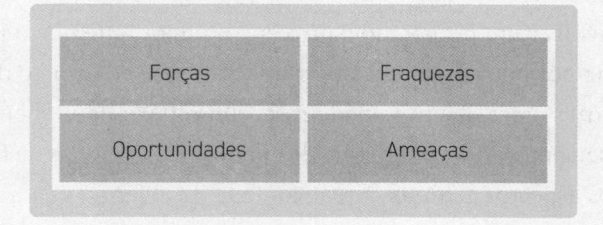

Forças	Fraquezas
Oportunidades	Ameaças

  b) Em seguida, devem escrever ao menos duas ou três palavras ou frases em cada quadrante, seguindo esta ordem:

- **Forças:** nesse quadrante os jovens descrevem suas principais qualidades e diferenciais. Nesse momento pode acontecer de a baixa autoestima emergir e bloquear a criatividade dos jovens, que geralmente pensam não ter qualidades ou "não ser alguém que valha a pena" (como já ouvi um jovem se descrevendo). Assim, conduzir esse momento com a escuta ativa e se valer das perguntas de facilitação mencionadas anteriormente ajudará no resgate da autoconfiança de cada um, permitindo que o processo flua. Você pode dar exemplos de sua própria trajetória de vida, se desejar. Lembre-se sempre que você também já foi jovem, e não só pode como deve ser uma fonte de inspiração para seus alunos. Permita-se ser conhecido por eles!

Uma sugestão de pergunta norteadora para o preenchimento do primeiro quadrante seria: quais qualidades representam a minha essência?

- **Fraquezas:** nesse quadrante serão registrados os pontos que cada jovem identifica que precisam ser trabalhados e aprimorados. É importante não utilizar a palavra "defeito", e sim focar "características a serem mais desenvolvidas", explicando que, o que hoje é considerado uma fraqueza, pode um dia se tornar uma força.

Uma sugestão de pergunta norteadora para o preenchimento do segundo quadrante seria: que características preciso olhar de frente e aprimorar?

- **Oportunidades:** esse quadrante trata do que o jovem vislumbra alcançar, estando em suas mãos o poder de decisão para fazê-lo. Por exemplo, realizar um curso específico, fazer uma graduação, atuar em determinada área profissional, aprender um idioma, participar de alguma ação na escola, desenvolver um projeto no bairro etc. É importante que o jovem tenha clareza de por que deseja tais oportunidades em seu projeto de vida, pois muitas vezes esses objetivos podem ser um reflexo de influências de pessoas do seu entorno ou um desejo de cumprir expectativas da família, dentre outros aspectos externos à real vontade do jovem.

Uma sugestão de perguntas norteadoras para o preenchimento do terceiro quadrante seria: o que almejo e decido alcançar em minha vida? Quais oportunidades quero criar?

- **Ameaças:** esse último quadrante refere-se ao que o jovem experimenta em sua jornada de vida e sobre o que não tem controle. No entanto, ao ser protagonista de sua história, é essencial o jovem ter consciência sobre tais desafios, tornando-se responsável por lidar com eles e ser parte ativa da solução. É nesse momento que todas as habilidades e competências desenvolvidas no projeto de vida vêm à tona e suportam o jovem a atravessar momentos difíceis e/ou que contrariam o seu PV. Tais ameaças podem ser: a situação econômica e política do país em que vive, a situação de vulnerabilidade da região em que reside, a estrutura curricular da escola onde estuda, situações extraordinárias mundiais como a pandemia, conflitos familiares etc. Note que para cada exemplo de ameaça podemos ser parte ativa da solução ao sermos cidadãos conscientes, ao agir com senso ético e generosidade, ao não reproduzir padrões de comportamentos negativos, ao participar do grêmio escolar etc.

Uma sugestão de pergunta norteadora para o preenchimento do quarto quadrante seria: o que pode influenciar os meus planos, sem que eu tenha controle?

c) Como próximo passo da atividade, devemos incentivar que os jovens partilhem entre si, em grupos de três a quatro integrantes, o que registraram por escrito durante a atividade. Como comentamos anteriormente, a troca entre os colegas poderá trazer excelentes elementos de discussão, novos pontos de vista, compartilhamento de dúvidas e desejos comuns, sentimento de pertencimento, empatia etc.

d) Por fim, relembre que essa atividade da Matriz Fofa é viva e integra o projeto de vida, ou seja, estará em constante revisão porque mudamos continuamente. Não necessariamente tudo mudará, porque a nossa essência permanece, mas até para constatar o que é permanente é preciso fazer revisões periódicas do PV e, assim, se conhecer, conhecer a realidade e adaptar os objetivos.

Além de desenvolver a Matriz Fofa com os alunos, você pode colocá-la em prática para a elaboração e/ou atualização do próprio PV, utilizando-a como importante ferramenta de autoconhecimento ao se fazer as perguntas norteadoras propostas em cada quadrante. Assim como os estudantes, você irá identificar pontos positivos e pontos a serem desenvolvidos, elementos essenciais para identificar as questões que envolvem seus desejos para o presente e para o futuro.

- ETAPA 2: Entender

Este segundo passo da metodologia *Design Thinking* adaptada à nossa proposta visa a analisar o que foi desenvolvido na Matriz Fofa, relacionando os quadrantes de Forças, Fraquezas e Oportunidades, que serão a base para estabelecer metas para colocar o projeto de vida em prática.

- **Atividade**: Colocando o projeto de vida em prática
    a) Oriente os alunos a relerem individualmente a Matriz Fofa criada. Peça para anotarem em outra folha todas as Oportunidades que escreveram.
    b) Oriente os alunos a escreverem uma Força e uma Fraqueza, que já foram anteriormente identificadas, para cada Oportunidade descrita, formando um tripé de "dificuldades" e "soluções", como no exemplo a seguir:

> **Modelo proposto:**
> Oportunidade: _____
> Força: _____ Fraqueza: _____

Dessa forma, os alunos identificam a quais aspectos precisam dedicar atenção para se aprimorar, estabelecem metas e indicam possíveis caminhos para seu autodesenvolvimento – questão central desta atividade baseada em *Design Thinking*.

Discuta com eles a importância de suas metas serem sustentáveis, ou seja, gerarem impacto positivo para eles e para o mundo, em todas as suas dimensões. Pensar no projeto de vida é pensar no autodesenvolvimento (dimensão pessoal), no impacto das próprias ações para si e para o entorno (dimensão social) e no quanto o seu trabalho (presente, se for o caso, e futuro) pode contribuir para resolver problemas da sociedade enquanto atende a questões pessoais.

c) O ideal é que as Forças e Fraquezas sejam diferentes para cada Oportunidade, de modo que os jovens possam ter uma visão mais ampla da Matriz Fofa e, portanto, de si mesmos. No entanto, dependendo das anotações deles, pode acontecer de haver repetições, o que será bem-vindo, dado que a metodologia *Design Thinking* não estipula padrões de certo ou errado. Cada história será singular e nosso desafio como educadores é justamente lidar com essa especificidade abstrata e deixar fluir o processo de cada aluno.

d) Como na atividade anterior, devemos incentivar os jovens a partilharem seus registros, dado que a troca entre os colegas poderá promover novas perspectivas e apoio. Essa troca pode ser em duplas, em grupos de três ou quatro integrantes ou em forma de apresentação para todos os alunos. Você será o melhor conhecedor da sua turma para adequar a dinâmica ao seu contexto.

Além disso, você também pode decidir quando esse momento de interação deve acontecer e diversificar o formato. Caso realize as atividades em mais de um dia, sugiro que em todos os encontros haja interação entre os alunos, garantindo, assim, o pilar do Acolhimento.

Outra sugestão é manter os grupos de alunos, para que o vínculo de confiança seja criado e desenvolvido. O ideal é que esses grupos sejam formados de forma aleatória, para evitar que se mantenham apenas as conexões já estabelecidas entre eles. Trabalhar em grupos diversos, com pessoas que tenham diferentes perspectivas e perfis, já é uma prática de Projeto de Vida para o jovem, que ao longo de toda a sua vida atuará em grupos heterogêneos, seja na escola/faculdade, no trabalho, em família etc.

Por último, relembre que essa é uma atividade viva na construção e implementação do Projeto de Vida, ou seja, estará em constante revisão, como explicitado na atividade anterior.

- **ETAPA 3: Criar**

Esta etapa inicia-se com a retomada da construção do PV dos jovens, chamando a atenção deles para o fato de terem identificado Oportunidades, Forças e Fraquezas.

Em minha experiência, o que costuma acontecer nessa etapa é a hesitação do jovem: ele acreditar que não conseguirá chegar aonde quer ou ter dúvidas sobre o que quer. É realmente um desafio esperar dos adolescentes que tomem decisões sobre o que desejam fazer com absoluta certeza nessa fase de vida. Por isso, é preciso encorajar os alunos a experimentarem a ideação e a abordagem da cultura *maker*, que permite testar soluções criativas e lidar com o erro sem maiores consequências (desde que suas experiências sejam sustentáveis). Devemos incentivar o jovem a desenvolver esse raciocínio de experimentação e criação de diversos cenários/soluções para pensar em possibilidades para sua vida que não afetem negativamente o entorno, ainda que suas metas venham a mudar em um futuro breve.

Quanto mais os jovens se propõem a desenvolver suas habilidades por meio de metodologias ativas, mais efetivo se torna o seu protagonismo. Para contribuir com ideias práticas, proponho o desafio do marshmallow, uma atividade da cultura *maker* criada pelo professor adjunto da Singularity University, Tom Wujec, com o objetivo de engajar equipes de forma cooperativa para a solução criativa de problemas. Essa prática é a base que apoia o próximo passo da nossa proposta: estabelecer as metas que serão prototipadas/testadas na última etapa.

- **Atividade**: Desafio do marshmallow
    - **a)** Divida a classe em grupos de quatro ou cinco alunos. Disponibilize a cada grupo um kit com: vinte "varetas" de espaguete (macarrão não muito fino), um metro de fita adesiva (a mesma para todos os grupos), um metro de barbante, um marshmallow, uma tesoura e uma folha de papel em branco, para que o grupo possa desenhar a estratégia que pensar.
    - **b)** Oriente-os sobre o desafio: em trinta ou quarenta minutos, o grupo deverá montar uma torre com os materiais e o marshmallow tem de ficar no topo. O grupo que conseguir montar a torre mais alta será o grupo destaque. Só é permitido usar o kit de materiais disponibilizado, e a base para a torre deve ser uma mesa que tenha o mesmo formato e textura para todos os grupos. Além disso, não é permitido colar a base da

torre com a fita adesiva. O desafio é justamente manter a torre rígida, ainda que não esteja colada na superfície. O sucesso na atividade reside em como o grupo monta a estrutura vertical da torre de espaguete para que ela segure o peso do marshmallow, que deverá estar na ponta da torre, pelo maior tempo possível.

c) Ao final, faça uma conversa para partilha de como foi a experiência e os principais aprendizados tanto em relação ao trabalho em grupo quanto ao processo de autoconhecimento e identificação de emoções (por exemplo, ansiedade, medo, desconfiança, autoconfiança, tranquilidade etc.), baseada na relação de acolhimento e confiança construída nas atividades anteriores.

Com essa atividade, os alunos exercitam a reflexão e a prática sobre a importância de identificar diferentes formas para solucionar um problema, de pensá-lo de maneira colaborativa, de implementar as alternativas que pareçam mais viáveis, mesmo que elas não deem certo, até encontrar uma solução que de fato atenda ao que foi proposto e, no caso de PV, às necessidades e possibilidades da situação em questão.

Após essa atividade para pensar de forma criativa, podemos fazer uma prática conhecida como *brainstorming* ou "chuva de ideias", que consiste em escrever em um papel ou em *post-its* diferentes ideias sobre determinado assunto, sem julgamento, sem restrição, sem limitação, sem hesitação e sem dizer "não dá" ou "e se...". O objetivo é estimular os alunos a "pensarem fora da caixa" e deixarem a criatividade fluir. Esse será o momento de criar ideias para analisar as oportunidades identificadas para a vida, selecionando ao final, no mínimo, três ideias que irão gerar uma meta para ser alcançada em curto prazo (seis meses a um ano), médio prazo (um a três anos) e longo prazo (cinco anos em diante). As metas podem se referir a qualquer dimensão de PV ou, inclusive, englobar mais de uma.

Note que até essa atividade já teremos preenchido os campos Oportunidades, Forças e Fraquezas da Matriz Fofa e acrescentaremos somente o campo de metas para cada cenário.

Modelo proposto:

Oportunidade: _____
Força: _____ Fraqueza:_____
Meta(s) a curto prazo: _____

Oportunidade: _____
Força: _____ Fraqueza:_____
Meta(s) a médio prazo: _____

Oportunidade: _____
Força: _____ Fraqueza:_____
Meta(s) a longo prazo: _____

- **ETAPA 4: Prototipar/testar**

O processo entre estabelecer e alcançar uma meta será a prototipação, o teste das oportunidades com a intenção de validá-las antes de colocá-las em ação.

É comum que, durante a fase de prototipação e/ou teste, algumas metas não sejam alcançadas, o que não invalida a experiência da etapa; ao contrário, reitera sua eficácia e permite que, caso algo não aconteça como esperado, sejam feitas mudanças o mais rápido possível na rota, o que é a premissa do *Design Thinking* e da construção de projetos de vida.

Destaco dois pontos de atenção nessa etapa:

1. Haverá um impacto positivo caso os jovens tenham um mentor externo acompanhando-os, pois ele pode contribuir com um outro ponto de vista, para além do das pessoas já envolvidas. É válido lembrar que o próprio jovem pode buscar um mentor que ele conheça ou queira conhecer, o que será um exercício de protagonismo.
2. É importante que a definição das metas seja atrelada a uma ação prática de teste, que pode ser: matricular-se em um curso, participar de uma

palestra on-line sobre o tema que se quer trabalhar, aplicar algum questionário com pessoas da área, conversar com um especialista, criar uma página na internet ou nas redes sociais etc. É importante que o jovem faça algo prático, que demande pouco esforço, mas que permita experimentar e validar aquela meta esperada. Também é importante que a meta tenha um prazo definido para ser iniciada e concluída.

Por exemplo, um jovem pode estabelecer como meta aprender um idioma, para melhorar sua comunicação com falantes desse idioma em sua família ou região, para ampliar seus conhecimentos culturais ou para ampliar suas possibilidades profissionais. Para prototipar/testar esse objetivo, pode buscar informações sobre cursos presenciais e on-line; simular os gastos mensais que terá com cursos, materiais, deslocamentos; realizar uma aula teste presencial ou virtual; realizar alguns exercícios simples de aproximação ao idioma (leitura de frases curtas, audição de uma música com a letra no idioma e a tradução etc.); experimentar diversas formas de estudo (autônomo, com professor, com videoaulas ou aplicativos, entre outros); contar com a ajuda de um falante que se disponha a ensiná-lo etc.

Note que nesse momento já teremos os campos Oportunidades, Forças, Fraquezas e Metas preenchidos, como orientado anteriormente. Agora, acrescentaremos somente o campo de ação prática para cada cenário, no qual descreverão o que podem fazer para testar sua meta antes de colocá-la em prática de forma definitiva. No nosso exemplo, esse teste pode ser útil para que o aluno identifique qual modalidade de aprendizagem se ajusta melhor aos seus recursos, sua disponibilidade, seus objetivos, o impacto que deseja gerar no entorno etc. Dessa forma, evita, por exemplo, que se matricule em um curso presencial e não consiga cursá-lo devido a dificuldades de deslocamento.

Reitere a importância da atualização dos registros, seguindo a estrutura que vai sendo ampliada a cada etapa.

> **Modelo proposto:**
>
> Oportunidade: _____
> Força: _____ Fraqueza: _____
> Meta(s) a curto prazo: _____
> Ação prática: _____
>
> Oportunidade: _____
> Força: _____ Fraqueza: _____
> Meta(s) a médio prazo: _____
> Ação prática: _____
>
> Oportunidade: _____
> Força: _____ Fraqueza: _____
> Meta(s) a longo prazo: _____
> Ação prática: _____

Se possível, peça aos alunos que coloquem em prática as metas a curto prazo e que as registrem e compartilhem os resultados com a turma durante o curso de Projeto de Vida. Promova o acolhimento das experiências e reitere que a testagem visa a experimentação de situações e que não há problemas caso a conclusão seja que a meta deve ser revista. Consulte-os quanto às formas pelas quais implementaram a meta, se adotaram formas criativas de vivenciá-las, se reconheceram o quanto foram protagonistas das suas escolhas, mesmo que sem a certeza de serem as mais adequadas. Ao final da atividade, oriente-os a refazerem o percurso de definição de metas e de testagem com base em outros desejos e/ou aspectos pessoais ou sociais que queiram desenvolver.

Tal como seus alunos, seja você também protagonista da sua vida: vivencie essa etapa e prototipe/teste suas metas pessoais, sociais ou profissionais sustentáveis, se permitindo realizar experiências que o levem a confirmar seu interesse e sua habilidade em realizá-las como parte do seu projeto de vida. Você pode se surpreender com resultados além ou aquém do esperado e, a depender da situação, recalcular as metas ou a forma de implementá-las, utilizando suas vivências e sua criatividade. Permita-

-se testar, experimentar, errar, sem o compromisso com o bom desempenho ou com a tomada de decisões a longo prazo. A experimentação pode evitar que você trace caminhos com os quais pode não se identificar posteriormente, evitando, assim, que os prejuízos de tempo, recursos e motivação sejam maiores.

Educar e pensar em Projeto de Vida é criar espaços para que o jovem possa empreender, ele próprio, a construção do seu ser enquanto empreende a construção da forma como almeja viver e do meio em que deseja estar inserido; a meu ver, essa é a verdadeira educação empreendedora e protagonista. Assim, o jovem torna-se capaz de realizar suas potencialidades pessoais e sociais.

> **COMPARTILHANDO RESULTADOS**
>
> O projeto compartilhado neste texto foi implementado em 2020 em quatro escolas públicas localizadas na periferia da cidade de São Paulo e contou com a participação de 180 jovens. Uma pesquisa privada realizada no âmbito desse programa demonstrou que, após seis meses de realização do projeto, 94% dos participantes afirmaram ser a Criatividade a competência mais desenvolvida durante a elaboração de seu projeto de vida, seguido por 93% que concordaram que desenvolveram uma melhor capacidade de Resolução de problemas e de 90% que afirmaram que desenvolveram as competências de Trabalho em equipe e Visão Sistêmica durante as oficinas. Tais resultados refletem diretamente as mudanças significativas na vida dos educandos e dos docentes envolvidos, que, por consequência, impactam positivamente o ambiente escolar e todas as suas esferas de convivência.

Nessa perspectiva, as questões ou os problemas reais são fontes disparadoras da iniciativa e podem ser importantes insumos para a percepção de que o ser humano se resolve diante dos desafios e não vive somente para resolver problemas.

Como visto neste projeto, em um contexto de geração de valor compartilhado, por meio do desenvolvimento de questões abordadas anteriormente, os jovens e a sociedade ganham em capacidade de enfrentar e solucionar questões que os desafiam. "A energia, a generosidade, a força empreendedora e o potencial criativo dos jovens são uma imensa riqueza, um tesouro ao qual o Brasil ainda precisa dar o devido valor" (COSTA,

2001, p. 46), e que pode ser desenvolvido no âmbito de Projeto de Vida atendendo a propósitos pessoais e coletivos.

Do mesmo modo, o professor pode identificar aspectos a serem desenvolvidos e definir metas para ser protagonista das suas vivências em todas as dimensões do seu projeto de vida.

Considerações finais

O protagonismo juvenil no âmbito educacional vai além de colocar o jovem no centro das suas decisões: ele deve ser exposto a oportunidades planejadas com intencionalidade pedagógica que lhe permitam aprender, errar, conviver e refletir para, assim, se conhecer e construir a sua jornada, alinhada às demandas do mundo atual e de desenvolvimento humano sustentável.

O jovem que se conhece, que identifica suas fraquezas e as oportunidades para saná-las, se alinha ao contexto Vuca do século XXI: está mais preparado para enfrentar os desafios locais e globais do mundo volátil, incerto, complexo e ambíguo em que vive, se adaptando e se desenvolvendo em busca de soluções para os problemas que afetam a si e ao seu entorno. Com sua iniciativa, criatividade e colaboração, exerce seu protagonismo.

Os docentes que preparam os jovens para esse contexto, por sua vez, o fazem com atitudes e práticas de acolhimento e confiança, facilitando oportunidades para que eles se conheçam e vivenciem experiências no ambiente seguro da escola, no qual podem experimentar e aprender com seus acertos e erros, sob a orientação do professor. Este, por sua vez, se conhece e se desenvolve em paralelo ao seu fazer pedagógico, se vale de práticas educativas de PV adaptadas à sua realidade para identificar, planejar e implementar ações que levem ao seu protagonismo em todas as dimensões da sua vida.

O trabalho com Projeto de Vida, seja no âmbito da escola regular, seja no contexto de projetos liderados por entidades civis ou empresas, deve ter como foco a realização de atividades baseadas em metodologias ativas, o acompanhamento de professores ou facilitadores preparados para administrar as emoções e os aprendizados dos jovens e incentivá-los por meio do seu exemplo, de orientação e do desenvolvimento de competências intrapessoais, interpessoais e sociais.

Favorecer a criação de projetos de vida é dar os meios para que os jovens sejam protagonistas de suas histórias e de sua sociedade no século XXI. Além deles, docentes e toda a sociedade podem – e devem – se engajar na busca de autoconhecimento e protagonismo. O protagonismo deve ser para todos, para cada um em sua vida, em sua história.

Seu projeto de vida

Colocar o aluno no centro da aprendizagem não é tarefa fácil. Dar protagonismo a ele significa tirar o foco do conteúdo e, principalmente, do professor.

Quando o docente não é o protagonista da sala de aula, qual é o seu papel? O de mediador entre os conhecimentos e o estudante. Na educação do século XXI, é preciso rever antigos conceitos de que "o professor ensina e o aluno aprende", porque ambos ensinam e aprendem e constroem, juntos, o caminho de se apropriar dos conhecimentos por meio de vivências e significados únicos, que só acontecem em uma determinada turma em um dado momento sócio-histórico.

Essa experiência de tirar os holofotes do professor e colocá-los nos estudantes nem sempre é fácil para nenhum dos envolvidos. Os alunos, historicamente acostumados a receber de forma passiva conteúdos disciplinares, podem se sentir "soltos" ou ter a impressão de que o professor não está "fazendo seu trabalho" se os deixa estudar ou realizar algum projeto com autonomia, ou mesmo quando tratam de questões pessoais. Do mesmo modo, alguns docentes, habituados a serem o centro do saber e das aulas, podem se sentir desvalorizados ou perdidos ao ter que renunciar às metodologias consolidadas e se arriscar em abordagens contemporâneas nas quais não são o centro das práticas.

Em suma, embora a maioria da comunidade escolar concorde sobre a importância do protagonismo juvenil, não é fácil implementá-lo, principalmente em contextos formais de ensino, como escolas regulares.

As contribuições das metodologias ativas, da educação corporativa, das propostas de desenvolvimento humano sustentável e de outras fontes podem abrir os horizontes dos docentes quanto aos tipos de atividades e resultados esperados. Além disso, os educadores reconhecem que o aluno que se sente motivado e comprometido com o próprio desenvolvimento se engaja e aprende melhor, atuando de forma mais responsável, autônoma e solidária na sociedade. Portanto, se sabemos que esse caminho é mais eficaz, por que muitas vezes é tão difícil ceder nosso protagonismo a eles, que são, afinal, o objetivo da nossa prática?

A educação sempre esteve associada à transmissão de conhecimentos pela figura de um detentor dos saberes de uma área, e perder esse suposto status pode afetar a autoestima de alguns profissionais. É necessário avaliar de forma sincera quais são os entraves para o protagonismo dos nossos alunos: a escola (como se ela fosse uma entidade abstrata da qual não fazemos parte), a sociedade (à qual também pertencemos) ou nós, os próprios docentes, que no afã de querer ver nossos alunos se destacarem, acabamos, por vezes, disputando esse espaço com eles?

A BNCC trouxe uma nova proposta de olhar para o aluno e, consequentemente, para o professor. No entanto, essa demanda não surgiu com a publicação do documento; ela apenas retrata o que os alunos vinham verbalizando (quando tinham voz) e/ou demonstrando com baixo desempenho, desinteresse e evasão.

No seu projeto de vida profissional, além de formação continuada, há um item sobre repensar práticas? Atrelado a ele, há metas pessoais relacionadas com desenvolvimento de autoconhecimento, autoestima, autoconceito e o impacto dele nas esferas sociais e profissionais? O questionamento sobre quem é o protagonista das suas aulas é uma constante no seu fazer pedagógico?

Favorecer o protagonismo dos alunos não significa desqualificar o docente; pelo contrário, o professor capaz de se abrir às tendências educacionais da sua geração e propor inovações em suas aulas é o que prepara não apenas os seus alunos para o futuro, mas prepara também a si mesmo para se manter ativo, eficiente e valorizado no mercado de trabalho.

Os docentes de hoje não são responsáveis pelos diversos problemas históricos relacionados à educação nacional, mas podem, sim, ser os responsáveis por parte das soluções do presente e do futuro.

Referências

BENNETT, Nate; LEMOINE, G. James. What VUCA really means for you. *Harvard Business Review*, Boston, 2014. Disponível em: https://hbr.org/2014/01/what-vuca-really-means-for-you. Acesso em: 2 ago. 2021.

BRASIL. *Base Nacional Comum Curricular*. Brasília, DF: MEC, 2018.

BROWN, Tim. *Design Thinking*: uma metodologia poderosa para decretar o fim das velhas ideias. Rio de Janeiro: Alta Books, 2018.

COSTA, Antonio Carlos Gomes da. *Tempo de servir*: o protagonismo juvenil passo a passo; um guia para o educador. Belo Horizonte: Universidade, 2001.

FERRETTI, Celso João; ZIBAS, Dagmar Maria Leopoldi; TARTUCE, Gisela Lobo Baptista Pereira. Protagonismo juvenil na literatura especializada e na reforma do ensino médio. *Caderno de Pesquisa*, São Paulo, v. 34, n. 122, p. 411-423, 2004.

FÓRUM ECONÔMICO MUNDIAL. *Outlook on the Global Agenda*. Cologny: FEM, 2015. Disponível em: http://reports.weforum.org/outlook-global-agenda-2015/wp-content/blogs.dir/59/mp/files/pages/files/outlook-2015-a4-downloadable.pdf. Acesso em: 30 jul. 2021.

HAQ, Mahbub ul. *Reflections on human development*. Nova York: Oxford University Press, 1995.

HUMPHREY, Albert. *SWOT analysis for management consulting*. [S. l.]: SRI International, 2005.

ORGANIZAÇÃO DAS NAÇÕES UNIDAS. *Agenda 2030 dos Objetivos de Desenvolvimento*. Nova York: ONU, c2024a. Disponível em: https://brasil.un.org/pt-br/91863-agenda-2030-para-o-desenvolvimento-sustent%C3%A1vel. Acesso em: 12 jan. 2024.

_____. *Programa das Nações Unidas para o Desenvolvimento no Brasil*. Nova York: ONU, c2024b. Disponível em: http://www.pnud.org.br. Acesso em: 1º ago. 2021.

SEN, Amartya. *Desenvolvimento como liberdade*. São Paulo: Companhia das Letras, 2000.

TOM Wujec: Construa uma torre, construa uma equipe. [S. l.: s. n.], 2011. 1 vídeo (7 min). Publicado pelo canal TED. Disponível em: https://www.ted.com/talks/tom_wujec_build_a_tower_build_a_team?language=pt-br. Acesso em: 3 ago. 2021.

WUJEC, Tom. *The future of making*: understanding the forces shaping how and what we create. Nova York: Melcher Media, 2017.

CAPÍTULO 5

PEDAGOGIA DA PRESENÇA E PROJETO DE VIDA – PROFESSOR: PRESENTE!

Carmen Luiza Amendola

O Projeto de Vida no Novo Ensino Médio representa um grande desafio para o professor, independentemente da formação ou do contexto socioeconômico e cultural em que atue. Para além de uma novidade no currículo, ele é a oportunidade de repensarmos nossas práticas profissionais e ações pessoais, pois nos permite ensinar e aprender simultaneamente, além de nos provocar a refletir sobre nosso estilo de vida e nossas escolhas para as dimensões pessoal, social e profissional.

Ao olhar mais detidamente para a nossa dimensão profissional e a dos alunos, é fundamental retomar a pergunta que norteia qualquer projeto de vida: qual é o seu propósito? O que o trouxe até aqui e o que o faz seguir nesse caminho?

Talvez a sua resposta seja fazer a diferença por meio da educação. Qualquer educador tem consciência de que a profissão é árdua, pouco valorizada socialmente e, em geral, mal remunerada. No entanto, esse profissional – eu, você – fez uma escolha e diariamente trabalha para uma sociedade melhor, para que seus alunos sejam cidadãos autorrealizados e profissionais competentes.

Esse trabalho pode e deve ir além do ensino de conteúdos dos componentes curriculares e contribuir para o desenvolvimento de competências socioemocionais por meio da criação de relações pedagógicas saudáveis entre docente e discente.

Com o objetivo de humanizar a educação e promover esse ambiente de confiança nas aulas de Projeto de Vida, propõe-se a Pedagogia da Presença como uma facilitadora para impulsionar a proximidade e o acolhimento entre todos os agentes envolvidos no processo de ensino e aprendizagem: o aluno, o professor, a família, a comunidade escolar e a sociedade.

Pedagogia da Presença

A Pedagogia da Presença ou Presença Educativa foi proposta pelo pedagogo mineiro Antônio Carlos Gomes da Costa, que foi coordenador da equipe de redação do Estatuto da Criança e do Adolescente (ECA); membro do Comitê Internacional dos Direitos Humanos; consultor da Organização Internacional do Trabalho (OIT) e da Organização das Nações Unidas para Educação, Ciência e Cultura (Unesco); além de oficial de projetos do Fundo das Nações Unidas para a Infância (Unicef). Em seu trabalho como docente e membro de instituições que tinham como objetivo promover a inclusão e a mobilidade social dos jovens, Costa observou de perto a desigualdade social e a influência dela na formação e no desenvolvimento de uma sociedade. Ele identificou que o professor poderia ser um importante agente transformador e motivador do acesso à educação por meio da sua presença, das suas atitudes e da relação que estabelecesse com alunos que necessitam de uma efetiva ajuda pessoal ou social para seu pleno desenvolvimento como indivíduos e cidadãos e, consequentemente, como profissionais – e qual aluno não necessita desse tipo de ajuda?

Em sua origem, a teoria proposta por Costa se ancorou nas concepções das escolas salesianas que se estruturam em torno de três eixos gerais da educação (COSTA, 2001, p. 27):

	Eixos		
	Cognitivo (razão)	Pragmático (ação)	Emocional/Afetivo (sentimento)
Ação educativa	Docência	Práticas e vivências	Assistência/Presença
Como se concretiza	Transmissão de conhecimentos	Criação de acontecimentos estruturadores	Atenção, postura, atitude que determina a relação entre educador e educando

Assim, essa visão de educação como desenvolvedora do potencial dos alunos por meio de competências e habilidades cognitivas e socioemocionais se reflete em sua obra e na proposta de uma pedagogia centrada na relação, indo muito além da transmissão de conhecimentos.

Esse desenvolvimento baseado em competências tem como referencial os Quatro Pilares da Educação propostos no relatório da Comissão Internacional para a Educação do Século XXI: *Educação: um tesouro a descobrir*, da Unesco (2010, p. 31), organizado por Jacques Delors. Essas competências são:

- **Aprender a Conviver** (competência relacional): compreender o outro e as relações de interdependência, gerenciando conflitos com base em valores como pluralismo, compreensão mútua e paz.
- **Aprender a Conhecer** (competência cognitiva): aprender a aprender, combinando cultura geral e estudos especializados ao longo da vida.
- **Aprender a Fazer** (competência produtiva): adquirir uma qualificação e estar apto a enfrentar desafios no âmbito social e profissional e a trabalhar em equipe.
- **Aprender a Ser** (competência pessoal): desenvolver a personalidade e agir com discernimento, autonomia e responsabilidade pessoal.

Como afirma Costa (2000, p. 50), o relatório de Delors apresenta dois grandes objetivos do sistema educacional: "ampliar a educação ao conjunto da experiência humana (ser, conviver, fazer e conhecer) e estendê-la ao longo de toda a vida, transcendendo os limites da instituição e da idade escolar".

O texto citado reitera a importância do desenvolvimento contínuo das pessoas e da sociedade por meio da educação para se atingirem os ideais de paz, liberdade e justiça social, além de reconhecê-lo como um direito universal por meio do qual o homem abre inúmeras possibilidades de desenvolvimento com a aquisição de conhecimentos e competências que permitem o discernimento e a tomada de decisão.

Essas quatro aprendizagens para a vida se alinham aos três eixos gerais da Educação e à Pedagogia da Presença, em especial às competências de Aprender a Conviver e Aprender a Ser, que são as que mais se alinham à Pedagogia da Presença por seu caráter social e relacional.

Ao aplicar a Pedagogia da Presença e as quatro competências do relatório da Unesco ao ensino e aprendizagem de Projeto de Vida, se estrutura o trabalho socioemocional que o professor irá desenvolver e se oferecem ferramentas para que ele contribua de fato com a promoção da autoconfiança e da autoestima dos alunos utilizando o seu fazer pedagógico como modelo. O próprio docente, enquanto ensina, desenvolve as competências de Aprender a Ser e Aprender a Conviver.

O "ensinar" vai além de utilizar recursos didáticos, propor tarefas e realizar obrigações burocráticas; ele se faz no dia a dia, nas palavras, nos olhares, no afeto e na construção dessa relação igualitária de autoconhecimento e amadurecimento. Segundo Costa (2010, p. 36), "em cada incidente, em cada circunstância, a tarefa essencial e permanente do educador será sempre comunicar ao jovem elementos capazes de permitir-lhe compreender-se e aceitar-se e compreender e aceitar os demais".

No entanto, é fundamental esclarecer que a Pedagogia da Presença não é sinônimo de terapia psicológica, aconselhamento ou mera simpatia com os alunos. É uma ação pedagógica intencional e estruturada, que determina uma postura ante o processo de ensino-aprendizagem e a relação entre docente e discente baseada em uma justa medida entre proximidade e distanciamento.

> Prática em sua essência limitada, como afirma Paulo Freire, a educação só é eficaz na medida em que reconhece e respeita seus limites e exercita suas possibilidades.
>
> No caso da relação educador-educando, esta maneira de entender e agir implica na adoção de uma estrita disciplina de contenção e despojamento que corresponde, no plano conceitual, a uma dialética proximidade-distanciamento.
>
> Pela proximidade, o educador acerca-se ao máximo do educando, procurando identificar-se com a sua problemática, de forma calorosa, empática e significativa, buscando uma relação realmente de qualidade.
>
> Pelo distanciamento, o educador afasta-se no plano da crítica, buscando, a partir do ponto de vista da totalidade do processo, perceber o modo como seus atos se encadeiam na concatenação dos acontecimentos que configuram o desenrolar da ação educativa.
>
> Esta é uma postura que exige de quem educa uma clara noção do

processo e uma ágil inteligência do instante, implicando a necessidade de combinar, de forma sensata, uma boa dose de senso prático com uma apreciável veia teórica. (COSTA, 2010, p. 26)

Desse modo, o professor de Projeto de Vida que baseia sua prática na Pedagogia da Presença tem a sincera e comprometida intenção de exercer sobre o outro uma influência construtiva (COSTA, 2001, p. 29) e transformar o potencial dos seus alunos em competências por meio de práticas educativas integrais. Presença, nessa perspectiva, não é sinônimo de proximidade física, de "estar perto", mas de "se fazer presente" e "presenciar" esse processo transformador e ser o principal agente dele, de forma construtiva, emancipadora e solidária.

A presença educativa efetiva-se em três eixos que levam ao (des)envolvimento e ao verdadeiro encontro entre professor e aluno: abertura, reciprocidade e compromisso.

Abertura é invadir e deixar-se invadir pela presença do outro, pela sua alegria ou sofrimento; é estar aberto a esse encontro e manter uma disposição permanente de acolhida, de interesse sadio e construtivo.

Reciprocidade é uma capacidade de diálogo, é o "(re)conhecimento do outro e da importância de dar e receber sinais que reforçam a noção de que temos valor para alguém e de que alguém tem valor para nós"; é a partilha de "pequenos nadas": um "comércio singelo entre as pessoas [...], um sorriso, um olhar, um cumprimento, um abraço, uma pergunta, um elogio, um toque..." (COSTA, 2001, p. 31, 38).

Por fim, compromisso é a

> capacidade de querer o benefício e evitar o malefício na vida do outro, capacidade de sentir-se corresponsável por aquele com quem nos relacionamos [...] Presença gera responsabilidade. Se você está aberto a uma pessoa, se intercambia com ela, se mantém com ela uma postura de reciprocidade, você não tem mais o direito de ser indiferente com ela. (COSTA, 2001, p. 31, 38)

A seguir, relato uma experiência em que os três eixos da Pedagogia da Presença foram determinantes para o êxito de um projeto e para a reflexão dos alunos – e minha – sobre seus PV.

Vivência

A vivência que compartilho ocorreu em um Centro de Apoio a Crianças e Adolescentes da cidade de São Paulo, em 2018, serviço público no qual se oferece assistência social a famílias em situação de vulnerabilidade socioeconômica, proporcionando a esse público um ambiente educativo no contraturno escolar, evitando, assim, que esses alunos estejam expostos às inseguranças da rua enquanto os responsáveis por eles trabalham. A maioria dos jovens é descendente de imigrantes de países como Bolívia e Angola e vive com seus familiares; alguns vivem em abrigos.

As crianças e os adolescentes só podem permanecer em instituições como essa entre os cinco e quinze anos. Após essa etapa, os jovens são desligados do centro e, devido à necessidade de gerar renda para contribuir com o sustento familiar, muitas vezes abandonam os estudos e se envolvem em situações informais de trabalho, perpetuando a desigualdade e tornando cada vez mais distante a possibilidade de mobilidade social. Alguns, inclusive, ao não ver perspectivas nem contar com suficiente apoio, acabam expostos a todo tipo de situação de risco nas ruas.

Nesse contexto, no qual trabalho há anos oferecendo suporte educacional e socioemocional a crianças e adolescentes, propus uma sequência de atividades relacionadas às dimensões pessoal e profissional de Projeto de Vida para facilitar o ingresso dos jovens na vida laboral. O grupo era composto por oito meninos e quatro meninas estudantes do 1º ano do Ensino Médio que estavam concluindo sua participação na instituição.

O projeto foi desenvolvido em quatro aulas de cinquenta minutos cada e foi realizado na sala de informática, na qual contávamos com apenas dois computadores em razoáveis condições de uso para doze alunos.

A precariedade do ambiente, assim como a escassez de recursos didáticos e tecnológicos, poderia ter sido considerada um empecilho para o desenvolvimento do projeto. No entanto, a falta de infraestrutura não impediu sua realização; se por um lado não havia máquinas para todos, por outro havia o principal elemento para o ensino: um professor comprometido com o seu propósito.

Aula 1

- **Apresentação de objetivos**

Iniciei o projeto com a exposição dos seus objetivos: promover o autoconhecimento e a reflexão sobre escolhas profissionais visando a construção de um projeto de vida, a elaboração de um currículo e a preparação para uma entrevista de emprego.

- **Apresentação pessoal**

A fim de engajá-los nas atividades e desenvolver uma relação de maior proximidade e abertura, iniciei a aula com uma breve exposição da minha trajetória profissional. Minha fala gerou muito interesse e questionamentos da turma, principalmente porque expus que minha infância e adolescência foram em um contexto socioeconômico desfavorecido e que quando fiz minhas escolhas tive as mesmas dúvidas e incertezas que eles tinham sobre o futuro.

Comentei que decidi pelo curso de Magistério sem nenhum conhecimento prévio da profissão, influenciada apenas pelo discurso de minha mãe, que, embora tivesse estudado apenas até o 4º ano do Ensino Fundamental, tinha visão de futuro e de demanda laboral: "Seja professora porque nunca vai faltar aluno!". Na época não tinha conhecimentos nem discernimento para avaliar a sabedoria dessa frase, mas seu sentido foi fundamental para minha trajetória profissional e para a construção do meu projeto de vida.

Contei que após a conclusão do curso de Magistério não me dediquei ao ensino porque surgiram oportunidades laborais em empresas que, naquele momento, me interessavam mais do ponto de vista econômico. Exerci diversas funções em trabalhos corporativos e, após um fato inesperado, tive que me reinventar e definir novas rotas em busca de uma recolocação profissional. Tive uma enfermidade que me levou à perda quase total da visão, o que me impossibilitou de exercer funções administrativas, pois na época não havia recursos tecnológicos nem programas sociais que favorecessem a inclusão de pessoas com deficiência no mundo do trabalho.

Sem oportunidades profissionais na área na qual tinha experiência, ingressei no curso de Pedagogia para retomar a relação com o Magistério e resgatar o meu projeto de vida. Após a conclusão, trabalhei em projetos sociais na Educação de Jovens e Adultos. Posteriormente, retornei ao mercado empresarial como profissional de recursos humanos em atividades de treinamento e desenvolvimento de pessoal, além de recrutamento e seleção. Ao voltar mais uma vez ao contexto educativo, a experiência empresarial foi fundamental para desenvolver com os alunos o projeto de inserção laboral em questão.

Os alunos identificaram-se com minhas angústias durante o período de escolhas e foram empáticos com a minha trajetória e as mudanças da minha vida que, consequentemente, afetaram meu projeto de vida. Embora nos conhecêssemos há quatro anos, essa apresentação pessoal nos aproximou e foi determinante para o desenvolvimento do projeto com a turma, pois eles conseguiram estabelecer relações entre as nossas histórias de vida e puderam constatar que, embora seja possível e necessário fazer planos para o presente e para o futuro, fatores alheios à nossa vontade podem influenciar a nossa trajetória e é preciso estarmos preparados emocionalmente para eles.

- **Trabalho em grupo**

Após meu relato, reuni os alunos em três grupos para que refletissem e discutissem sobre as escolhas profissionais de seus familiares próximos e as consequências delas. Assim, em grupos mais intimistas, eles se sentiram mais à vontade para expor suas vidas familiares e debater sobre a importância das tomadas de decisão e os impactos delas no presente e no futuro.

- **Apresentação para a turma e conclusão**

Depois da atividade em grupo, propus que, aqueles que se sentissem confortáveis, expusessem as escolhas profissionais dos seus familiares e as suas consequências e, com a turma toda, refletimos sobre decisões acertadas ou não, maturidade no momento decisivo, influência do acaso, presença ou ausência de planejamento de vida e de carreira, determinismo social etc.

Concluímos juntos que, na maioria dos casos, nossos familiares não tiveram oportunidades de ascensão devido à interrupção dos estudos, demonstrando, de modo empírico, que a educação pode ser a chave para o desenvolvimento pessoal, social e profissional, apesar das adversidades. Comentei que eles poderiam reverter esse determinismo de estagnação sendo os primeiros de suas famílias a ir além, assim como eu fui a única que cursou uma faculdade no meu meio familiar.

Apenas dois dos doze jovens não quiseram expor a trajetória de seus familiares, o que revela que, em geral, o grupo se sentiu à vontade para compartilhar suas histórias e foi empático na acolhida dos colegas, sem preconceitos ou julgamentos.

Ficou evidente a importância de eu ter dado início à atividade contando a minha trajetória. Essa abertura gerou identificação e criou um ambiente de respeito e empatia entre os alunos e comigo. Certamente se tivesse proposto a atividade de profissões de familiares sem uma introdução pessoal, a maioria dos alunos não teria participado tanto nem sentido um ambiente convidativo à exposição.

É importante ressaltar que a Pedagogia da Presença não pressupõe que o docente necessariamente compartilhe sua vida pessoal ou profissional para gerar empatia. O estabelecimento de conexões pode se dar em níveis mais sutis, em interações intencionalmente atentas e abertas.

Optei pela exposição da minha trajetória por me sentir à vontade com a turma, mas a atividade pode ser adaptada a outras formas de aproximação, como a apresentação de narrativas de pessoas popularmente conhecidas que tiveram que superar desafios e se reinventar; com a exibição de um filme que represente essa perspectiva; ou qualquer outra forma de *input* que ative a sensibilidade, a identificação, a empatia e o engajamento dos alunos no projeto.

Aula 2

- **Exibição e discussão sobre um vídeo**

Comecei a aula apresentando a animação "Planejando sua vida – a história de Zeca",[1] que narra a trajetória de um jovem fictício de dezoito anos que no 2º ano do Ensino Médio começou a trabalhar como atendente de telemarketing, embora não gostasse do trabalho. Concluiu essa fase de estudos e ingressou numa faculdade de Marketing para ser promovido no emprego, deixando de lado seu interesse por Engenharia. Na faculdade conheceu Rebeca, com quem se envolveu, e reprovou em todas as disciplinas. Ela engravidou e ambos abandonaram o curso. Zeca conseguiu um emprego complementar de fotógrafo para atender às demandas da sua nova família. Ele decidiu, então, fazer faculdade de Fotografia e conseguiu uma bolsa de estudos que exigia uma dedicação incompatível com sua carga laboral. Perdeu a bolsa e teve problemas de inadimplência. Aos 29 anos, separou-se de Rebeca e decidiu que queria cursar Engenharia com uma nova bolsa integral, o que só conseguiu aos 34 anos. Ele iniciou o curso e, por dificuldades nas disciplinas e sucessivas reprovações, desistiu de estudar. Ao fazer um balanço de sua trajetória contando sua história a um amigo, se deu conta de que errou ao não seguir a faculdade que desejava desde o início e que isso teve consequências na sua vida pessoal, social e profissional. Seu amigo contou que havia planejado a própria vida antes de a realizar e o ajudou a fazer um planejamento para evitar que os próximos anos de Zeca fossem empregados em decisões equivocadas e determinados apenas pelas circunstâncias, e não baseados em objetivos estabelecidos por ele, ainda que houvesse adversidades.

Após a exibição do vídeo, fizemos uma análise dos fatores que motivaram cada escolha profissional do personagem Zeca e concluímos que na maioria das vezes ele foi levado pelas oportunidades e necessidades, em vez de estabelecer e seguir objetivos pessoais e profissionais conciliados com suas demandas emergenciais. Além disso, estabelecemos relações entre esse "estilo de vida" e o dos familiares dos alunos, que

---

1 Animação disponível em: https://www.youtube.com/watch?v=wdzYcZSueek. Acesso em: 20 jan. 2023.

majoritariamente também foram levados pelo acaso e pela condição socioeconômica na escolha da profissão – o que, muitas vezes, nem sequer se tratou de uma escolha.

- **Identificação de oportunidades e aspirações profissionais**

Posteriormente, solicitei que a turma apresentasse suas intenções profissionais. Sete dos oito alunos responderam que gostariam de ser jogadores de futebol, provavelmente influenciados pelas aulas desse esporte que frequentavam em um clube (um dos projetos sociais oferecidos pelo Centro de Apoio) e pelo imaginário de que a vida da maioria desses atletas é fácil, com fama e dinheiro. Apenas um dos meninos ainda não havia definido sua profissão.

Entre as meninas, uma não sabia que carreira seguir, uma desejava ser advogada, outra, bióloga marinha, e a outra, delegada em uma delegacia da mulher, interesse que retratava seu histórico familiar e a condição de vulnerabilidade feminina do seu entorno.

Diante dessas intenções profissionais, expus as Áreas do Conhecimento relacionadas com cada profissão e a necessidade de formação para cada uma, considerando que a escolha das profissões não tem que ser definitiva e que o mercado de trabalho é volátil e exige, principalmente, profissionais capacitados e aptos a se adaptar a novos desafios.

Discutimos ainda sobre empreendedorismo alinhado a seus projetos de vida e a possibilidade de implementá-lo em sua comunidade, proporcionando a mobilidade social dos seus pares e gerando empregos, sem excluir a necessidade de capacitação para tanto. Tratamos de negócios locais criados e gerenciados por jovens que atendem a necessidades da comunidade, como prestação de serviços tecnológicos baseados no uso de celulares e outros dispositivos – manutenção e venda de acessórios, impressão, digitação, serviços de chamadas internacionais por meio de plataformas digitais –; produção e venda de alimentos típicos de seus países de origem, tanto para a comunidade local quanto para a população em geral; organização de eventos culturais de preservação e fomento da cultura originária – e registro multimídia desses eventos, inspirados no vídeo do personagem Zeca –; fabricação e comercialização de produtos artesanais; criação e gerenciamento de time de futebol com membros da comunidade, entre outros. Com base no contexto da sua comunidade, os alunos puderam identificar oportunidades para empreender projetos socioculturais e atividades econômicas.

Também foram mencionados os trabalhos em confecções, labor geralmente exercido de forma precária por seus familiares; no entanto, os jovens nem sempre se identificaram com ele e afirmaram que o considerariam como última alternativa, caso seus interesses não pudessem se tornar profissões.

Concluímos a aula com essas reflexões e a tarefa para casa de avaliarem suas aspirações profissionais relacionando-as com suas habilidades e competências, com o objetivo de elaborar um projeto de vida realista baseado nas possibilidades e demandas do seu entorno e nas dificuldades que poderiam ter para atingir seus objetivos.

Aula 3

- **Identificação de habilidades, competências e aspirações nas três dimensões de Projeto de Vida**

Comecei a aula questionando os alunos sobre as habilidades e as competências que identificaram: no que se consideram bons, o que fazem com facilidade, em quais atividades costumam ser elogiados, o que costumam ensinar outras pessoas a fazerem por serem hábeis etc. Com base nisso, discutimos o que seria necessário para desenvolvê-las e como isso impactaria os seus objetivos profissionais e os seus projetos de vida nas dimensões pessoal, social e profissional.

Na dimensão pessoal debatemos sobre a importância de nos autoconhecermos, de identificar um propósito que permita nos sentirmos realizados e que proporcione motivação para enfrentar todos os obstáculos que possam surgir, indo além de objetivos imediatistas e/ou meramente financeiros.

Quanto à dimensão social, identificamos que os jovens já têm uma bagagem social devido à participação em projetos no centro. Entre essas participações destacamos a arrecadação de alimentos e produtos de higiene e limpeza, ação que desenvolvemos anualmente em prol da comunidade, tendo em vista os frequentes alagamentos vivenciados na região. Outro projeto realizado pela instituição está relacionado a visitas mensais a um Centro de Apoio ao Idoso, onde os jovens levam companhia (ou seja, presença) e conforto por meio de leituras e música.

Assim, esses mesmos jovens que são beneficiados por ações sociais devolvem sua contribuição à sociedade intervindo para melhorá-la; eles conhecem em primeira pessoa os problemas do seu entorno e são os mais empoderados para minimizá-los.

Ampliamos a discussão refletindo sobre problemas mais complexos e de maior abrangência – como violência, fome e evasão escolar – e a importância de os próprios afetados por eles participarem da proposição de soluções. Concluímos que ter objetivos sociais não significa apenas participar esporadicamente de ações humanitárias, mas que pode e deve ser parte do dia a dia de um cidadão presente e comprometido que visa o bem-estar social. Debatemos também sobre a atuação social ser um propósito de vida e se tornar uma profissão.

Já com respeito à dimensão profissional, retomei a importância dos estudos na preparação para qualquer profissão, por meio de uma formação técnica ou acadêmica. Discutimos também sobre a importância e a necessidade de todas as profissões em uma sociedade, reiterando as competências e habilidades de cada uma que podem ser aprendidas e desenvolvidas ao longo da vida.

- **Apresentação de modelo de currículo, aspectos relevantes em uma apresentação pessoal e redação da carta de apresentação**

Em seguida, tratamos das formas de ingresso no mercado de trabalho e dos processos seletivos. Apresentei um modelo de currículo tradicional – com informações pessoais, acadêmicas e profissionais – e solicitei que iniciassem a construção dos próprios currículos orientando sobre a necessidade de preenchimento de todas as informações pessoais e acadêmicas. A turma questionou sobre o campo das experiências profissionais, dado que nunca haviam trabalhado formalmente. Destaquei que, mesmo sem uma vivência profissional, eles haviam desenvolvido habilidades e competências muito relevantes para o mercado laboral que deveriam ser incluídas, como relacionamento interpessoal, trabalho em equipe, responsabilidade, compromisso, administração de tempo, criatividade, resiliência, entre outras. Os jovens demonstraram surpresa e se sentiram mais autoconfiantes ao saber que poderiam incluir suas habilidades e competências nos seus currículos, o que não os deixaria vazios.

Ao concluir a elaboração do currículo, apresentei os fatores determinantes em uma entrevista de emprego, como a apresentação pessoal, o conhecimento prévio da missão, da visão e dos valores da empresa e a elaboração de uma carta de apresentação.

Abordei a questão da identidade e do compromisso das empresas – missão, visão e valores –, porque parte dos alunos havia demonstrado interesse em ser jovem aprendiz, dado que um ex-aluno do centro havia trilhado esse caminho e era considerado um exemplo para eles. No entanto, poderiam ter sido abordados também outros aspectos atitudinais do ingresso no mercado de trabalho, como pontualidade, boa comunicação, disponibilidade para aprender etc.

Identifiquei que a carta de apresentação foi a que gerou maior dificuldade na turma, pois, embora estivessem no Ensino Médio, não tinham plenamente desenvolvida a habilidade de produção de textos e as características do gênero textual em questão, além de muitas dúvidas ortográficas. Diante desse contexto, elaborei um projeto paralelo específico de reforço linguístico-textual para minimizar tal defasagem.

Aula 4

- **Cadastro em programas para jovens aprendizes**

Na última aula desse projeto, fizemos o cadastro dos alunos em programas para jovens aprendizes nos sites de empregos disponíveis, tentando, dentro do possível, que o fizessem em empresas com as quais se identificassem pelo ramo de atuação, por afinidade com seus objetivos e/ou por sua missão, visão e valores, de modo a evitar, assim, que fossem levados pelo acaso e pudessem focar os seus objetivos para evitar reproduzir a história do personagem Zeca do vídeo apresentado.

- **Retomada das práticas e dos objetivos e análise das aprendizagens**

Por fim, retomamos os objetivos do projeto, toda a trajetória percorrida, as dificuldades, as formas de superá-las, o alinhamento dos objetivos dos alunos aos seus projetos de vida e as estratégias para o ingresso e a permanência no mercado de trabalho.

Questionei a turma sobre as impressões referentes ao projeto e eles disseram que tinham se sentido muito à vontade. Um aluno, inclusive, comentou que tinha se surpreendido com a minha história e que "tinha ficado pensando nela". Perguntei o que ela tinha representado para ele e a resposta foi: "inspiração, superação; a gente não pensa que professor também tem vida, problemas, né?". A fala desse aluno revela que tanto os "pequenos nadas" quanto a abertura, a reciprocidade e o compromisso da presença foram frutíferos e proporcionaram ao aluno mais do que uma aprendizagem sobre processos seletivos, mas uma aprendizagem socioemocional baseada em uma história de vida que, até então, parecia distante da sua.

Concluído o projeto, os vínculos de identificação, relacionamento e empatia estavam fortalecidos não apenas entre mim e os alunos, mas, principalmente, entre os jovens, criando uma rede de colaboração e apoio.

Do ponto de vista da Presença Educativa, constatei que minha abertura, minha escuta ativa e empática e os "pequenos nadas" que marcaram intencionalmente o projeto foram determinantes para a aprendizagem e o engajamento da turma. A qualidade do relacionamento desenvolvido promoveu a confiança dos alunos, assim como o fato de serem escutados e vistos. Essa "visibilidade" implicou valorização e contribuiu para a autoestima e a capacidade de realização dos jovens. Como professora, vivenciei com eles a construção de parte dos seus projetos de vida e pude retomar o meu propósito, constatando o potencial de influência positiva do docente como tutor.

Considerações finais

Na vivência relatada, é possível observar como os três eixos da Pedagogia da Presença se concretizaram nas aulas e os efeitos alcançados. Procurei manter uma postura de abertura, reciprocidade e compromisso em todas as vivências, desde o seu planejamento aos "pequenos nadas" de interação, dando a possibilidade de os alunos se conhecerem, se abrirem e se exporem em um ambiente responsável de acolhida e intencionalidade pedagógica.

Segundo Alfredo Gomes da Costa (2021), professor e irmão de Antonio Carlos Gomes da Costa, a prática da Presença Educativa inclui outros aspectos inter-relacionados que afetam positivamente a relação professor-aluno: qualidade de tempo dedicado (mais que quantidade); troca de conhecimentos; proposição de experiências (vivências); os "pequenos nadas"; e o exemplo. Esse conjunto de ações forma a congruência entre o que o educador sente, pensa e faz.

Somos observados e analisados o tempo todo pelos alunos. Desde o momento em que estacionamos o carro na escola ou chegamos em transporte público até o final de nossas aulas, os alunos estão comparando nosso discurso com nossas atitudes. É preciso estarmos atentos para a coerência entre a fala e a ação. Não cabe nessa relação o discurso "faça o que eu falo, mas não faça o que eu faço"; somos exemplos de indivíduos, cidadãos e profissionais e temos um compromisso com a educação e com os educandos, exercemos uma influência positiva, deliberada e permanente sobre eles.

Segundo o estudo de Santos (2016), a Pedagogia da Presença contribui com esse compromisso educativo influenciando os índices de aprendizagem e a redução da evasão escolar, dado que o aluno percebe os benefícios não só cognitivos do ambiente escolar, mas também os impactos na sua formação integral e, ao se sentir ouvido e integrante do seu espaço educativo, se compromete com ele e com seus estudos, enfim, consigo mesmo.

Com relação à atividade proposta, a princípio a turma foi motivada pelos objetivos do projeto, em especial a preparação para o mercado de trabalho, mas, no decorrer da vivência, a Pedagogia da Presença foi determinante para nossa relação e para uma aprendizagem significativa, aproximando discentes e docentes por meio de afinidades, respeito e presença.

Durante essa atividade, tive a oportunidade de revisitar minha história pessoal e profissional e identificar os professores que inconscientemente praticaram a Pedagogia da Presença e quanto isso influenciou e motivou minha trajetória. Desde minha professora de alfabetização, que se sentava no chão com a turma para ler uma história e interpretava o texto com sons e entonações, até meu professor de Didática, já na universidade, que levava as avaliações ampliadas para que eu pudesse participar do curso com equidade. Cada um desses docentes utilizou um ou mais eixos da teoria proposta por Costa para fazer com que eu e meus colegas aprendêssemos mais do que conhecimentos: eles nos ensinaram (e provavelmente também aprenderam) competências socioemocionais que fazem parte de quem sou como pessoa, cidadã e profissional.

O professor é o melhor conhecedor do seu alunado devido ao contato diário, às vivências e ao relacionamento construído durante as aulas. É o docente quem, aberto e comprometido, pode elaborar e implementar atividades que levem os estudantes – e, por que não, o próprio docente? – a um processo de autoconhecimento e autoaceitação que impactarão diretamente a formação desses jovens e, consequentemente, a elaboração e a implementação de seus projetos de vida. O jovem, ao sentir que é ouvido, compreendido e aceito, desenvolve a capacidade de se transformar e de se comprometer consigo mesmo e com os outros, de fazer seu projeto de vida e engajar-se nele para atingir seus objetivos.

Segundo Costa (2015, p. 2), "o educando muda porque é compreendido e aceito, não é compreendido e aceito porque muda". Essa mudança e esse desenvolvimento podem ser estimulados pelo professor, já que a motivação é um processo interno e a presença educativa impulsiona esse amadurecimento.

> A Pedagogia da Presença [...] convoca para a ação a pessoa humana, o educador e o cidadão. [...] A consciência do educador abre-se, deste modo, a um amplo aspecto de problemas. Além de ter uma compreensão das grandes questões da sociedade, ele deve ser basicamente capaz de compreender, aceitar e lidar com comportamentos que expressam aquilo que há de íntimo e oculto na vida de um jovem em situação de dificuldade pessoal e social. Este jovem, seu educando, é destinatário e credor daquilo de melhor que, em cada

momento do seu relacionamento, ele for capaz de transmitir-lhe. (COSTA, 2010, p. 37)

Essa transformação incentivada pelo docente leva ao amadurecimento, à motivação e à descoberta de um sentido (propósito) para a vida do jovem, o que aumenta seu nível de autodeterminação. Esse é o estado ideal para a construção e o compromisso com um projeto de vida baseado no reconhecimento e na valorização da própria identidade ("eu comigo mesmo") e dos seus encontros ("eu com o mundo"). Reconhecendo-se e valorizando-se no presente, o jovem eleva seus níveis de autoestima, autoconceito e autoconfiança e consegue vislumbrar uma perspectiva positiva de futuro.

O desenvolvimento das competências socioemocionais do jovem e a sua formação integral serão as bússolas para o autoconhecimento, a inserção social e, consequentemente, a laboral, e a autorrealização alinhadas ao seu projeto de vida:

> Para encontrar os outros, o educando precisa encontrar-se consigo mesmo; para encontrar-se consigo mesmo o educando precisa ser compreendido e aceito; ele se sentindo compreendido e aceito ele vai aumentar sua autoestima, seu autoconceito e sua autoconfiança, porque ele vai ter a sensação de que tem valor para alguém; se ele tiver a sensação de que tem valor para alguém e de que é compreendido e aceito, ele vai olhar o futuro sem medo; se ele olhar o futuro sem medo, ele será capaz de plasmar, de construir um projeto de vida; se ele constrói um projeto de vida, sua vida passa a ter um sentido; se a vida passa a ter um sentido, ele começa a ver com outros olhos os estudos, a obediência, a profissionalização, o seguimento das regras, o tratamento com as pessoas etc. Tudo isso se modifica na sua vida. Isso é a Pedagogia da Presença. (COSTA, 2015, p. 3)

A Pedagogia da Presença marca não só a presença do professor na vida de seus alunos, mas também a dos alunos na vida do professor. Esse processo bilateral de abertura, compromisso e reciprocidade promove o desenvolvimento socioemocional também do docente, que abandona a postura autoritária socialmente consolidada de profissional educacional responsável exclusivamente pelo eixo cognitivo da educação (a docência) e, por meio de práticas e vivências educativas (eixo pragmático), passa a ser o agente provedor do desenvolvimento emocional dos seus jovens e de si mesmo. Já não se distingue o que é ensino (centrado na figura do professor) do que é aprendizagem (centrado na figura de um aluno passivo); todos são alunos e professores de si mesmos e dos outros. Atingido esse estágio, pode-se dizer que você, educador, como eu, alcançou o seu propósito: fazer a diferença por meio da educação.

Seu projeto de vida

Ao longo da sua trajetória como aluno, você provavelmente teve professores que o marcaram pelo modo de abordar um conteúdo, por uma palavra dita em um dia em que você não se sentia capaz, por uma atitude para facilitar a inclusão de um colega com necessidades especiais ou por ações rotineiras que pareciam insignificantes nas quais as demonstrações de afeto e compromisso tornaram sua vida escolar mais produtiva e afetiva. Esses "pequenos nadas" compõem a pessoa e o profissional que você é hoje e, em grande medida, devem ter influenciado a descoberta do seu propósito educativo e sua escolha pela carreira docente. Tais professores inspiradores souberam dar sentido a um conhecimento e tornaram a aprendizagem mais significativa com base na Pedagogia da Presença, embora provavelmente desconhecessem seu embasamento teórico.

A educação que você recebeu, para além de uma fonte de conhecimentos, se tornou o seu projeto de vida. O exemplo de um professor passou a ser o seu referencial para o profissional que você é hoje.

Agora você é o exemplo. Você pode inspirar os seus alunos não só a seguirem pelo caminho da educação, mas também para seguirem com engajamento, compromisso e ética qualquer profissão que escolherem alinhados aos seus propósitos.

A sobrecarga de aulas, atividades para corrigir, burocracias administrativas, deslocamento, os contextos híbridos e/ou EAD e tudo o mais que envolve o trabalho docente sem dúvida podem fazer com que deixemos de lado os "pequenos nadas" cotidianos. No entanto, é fundamental lembrar que são eles que fazem a diferença e dão vida à aprendizagem dos saberes.

Reflita sobre o seu papel como docente. Você quer/pode ser exemplo para seus alunos? Como?

Reveja o seu projeto de vida e analise o impacto da Pedagogia da Presença nas três dimensões da sua vida. Sua experiência profissional e sua relação com os seus alunos fazem de você uma pessoa mais realizada? Como gerar impacto positivo no seu entorno imediato "apenas" com as suas aulas, aquilo que você já faz cotidianamente? Quais os ganhos (e perdas) dessa teoria no rendimento escolar e no desenvolvimento socioemocional dos seus alunos? E na sua produtividade e no seu autodesenvolvimento?

Insira a Pedagogia da Presença no seu projeto de vida. Defina objetivos concretos, estabeleça metas e estratégias para que de fato ele se incorpore às suas aulas.

Uma vez por mês, por exemplo, tome quinze minutos de uma aula para conversar com os alunos sobre as dificuldades de aprendizagem dos componentes curriculares, escute-os, abra o canal para que se manifestem e tragam suas experiências como aprendizes. Dessas vivências podem ser construídos novos laços e novas pontes para a conexão docente-discente.

Além disso, inclua no seu dia a dia os "pequenos nadas". Ainda que a princípio seja necessário fazê-lo de forma sistemática e intencional, não deixe de demonstrar essa abertura aos jovens tanto para a construção do projeto de vida deles quanto para o seu. Seja presença, se abra para a presença do outro e se comprometa com ela; o ganho é de todos.

Referências

COSTA, Alfredo Gomes. *A pedagogia da presença e a presença do professor Antonio Carlos*. Secretaria Executiva de Educação Integral e Profissional de Recife, Recife, 4 fev. 2021. Disponível em: https://www.youtube.com/watch?v=-9GXegXugSHE. Acesso em: 21 abr. 2021.

COSTA, Antonio Carlos Gomes da. Educação: tendências e desafios no século XXI. In: *Protagonismo juvenil*: adolescência, educação e participação democrática. Fundação Odebrecht: Salvador, 2000. p. 46-57.

_____. *Educação*: uma perspectiva para o século XXI. São Paulo: Canção Nova, 2008.

_____. *Pedagogia da presença*: da solidão ao encontro. Belo Horizonte: Modus Faciendi, 2010.

_____. Pedagogia da presença. *Scribd*, [s. l.], 2015. Disponível em: https://pt.scribd.com/document/406525111/COSTA-Antonio-Carlos-Gomes-da-Pedagogia-da-Presenca. Acesso em: 20 abr. 2021.

_____. *Presença educativa*. São Paulo: Salesiana, 2001.

DELORS, Jacques (org.). *Educação*: um tesouro a descobrir. Relatório para a Unesco da Comissão Internacional sobre Educação para o século XXI. Brasília, DF: MEC, 2010. Disponível em: https://unesdoc.unesco.org/ark:/48223/pf0000109590_polr. Acesso em: 10 abr. 2021.

PLANEJANDO sua vida: a história de Zeca. [*S. l.*: *s. n.*], 2016. 1 vídeo (2 min). Publicado pelo canal UCL. Disponível em: https://www.youtube.com/watch?v=wdzYcZSueek. Acesso em: 4 abr. 2021.

SANTOS, Maria de Fátima. *Pedagogia da presença*: uma estratégia para o sucesso escolar. 2016. Dissertação (Mestrado em Educação) – Universidade Federal da Paraíba, João Pessoa, 2016. Disponível em: https://repositorio.ufpb.br/jspui/handle/tede/8764. Acesso em: 20 abr. 2021.

CAPÍTULO 6

LINGUAGENS E SUAS TECNOLOGIAS E PROJETO DE VIDA

Roberta Amendola

A área de Linguagens e suas Tecnologias prevista na BNCC caracteriza-se pelo compromisso com "uma formação voltada a possibilitar uma participação mais plena dos jovens nas diferentes práticas socioculturais que envolvem o uso das linguagens" (BRASIL, 2018, p. 481).

Entre essas práticas socioculturais está a produção de currículos profissionais para o ingresso no mercado de trabalho, gênero discursivo relativamente estável (BAKHTIN, 2011, p. 282) destinado a organizar um histórico pessoal, social, acadêmico e profissional para a candidatura a um trabalho.

Neste texto proponho uma releitura desse gênero à luz de Projeto de Vida, ressignificando-o. Para além de uma folha com dados e informações em ordem cronológica, parto de uma reflexão sobre trajetória e narrativa pessoal por meio do conceito de currículo de vida, que extrapola o caráter informativo do currículo tradicional para lhe atribuir significado e servir como instrumento de autoconhecimento e base para a elaboração de projetos de vida.

Vejamos, a seguir, o referencial teórico que embasa essa proposta de atividade e a relação entre ele, a área de Linguagens e suas Tecnologias e Projeto de Vida.

Currículo de vida

O sociólogo e filósofo polonês Zygmunt Bauman (2008, p. 160-161) analisou a educação na era pós-moderna e ressaltou a importância de se valorizar o "aprendizado terciário", que é aquele não canônico escolar e que visa "rearrumar experiências fragmentárias", fugindo de padrões e hábitos consolidados e incorporando a instabilidade da vida, cada vez mais dinâmica:

> podemos sentir o desmoronamento do tempo, não mais contínuo, acumulativo e direcional como parecia 100 anos atrás; a vida fragmentária pós-moderna é vivida num tempo episódico e, uma vez que os eventos se tornam episódios, só podem ser colocados em uma narrativa histórica coesa postumamente; enquanto está sendo vivido, cada episódio tem apenas a si mesmo para fornecer todo o sentido e objetivo de que precisa ou que é capaz de reunir para manter-se no rumo e alcançá-lo. (BAUMAN, 2008, p. 163)

Nesse tempo episódico descrito por Bauman, em que diversos eventos vão se sucedendo e se acumulando sem que haja reflexão e conexão entre eles, retomar a história de vida pessoal, encadear os fatos e identificar relações entre eles e a própria personalidade é essencial para o autoconhecimento. Esse conhecimento de si, alinhado ao conhecimento escolar, é a base para as escolhas de vida.

O SABER FORA DA ESCOLA

O papel da escola já não é o de fornecer conteúdos, mas o de oportunizar vivências que tomem como base os conhecimentos de mundo que os jovens trazem e seus repertórios pessoais. Os alunos não aprendem apenas na escola, a sociedade e as experiências de vida educam, no sentido mais amplo da palavra, e levar essas aprendizagens para a escola é incluir e atribuir significado aos saberes e às individualidades.

O filósofo e educador britânico Ivor Goodson (2007, p. 242) afirma que o futuro escolar e social deveria ser o currículo narrativo: "precisamos mudar de um currículo prescritivo para um currículo como identidade narrativa; de uma aprendizagem cognitiva prescrita para uma aprendizagem narrativa de gerenciamento da vida".

Entender e incorporar o sentido da aprendizagem informal na vida dos alunos é o objetivo da aprendizagem narrativa, que surgiu em estudos com adultos na Inglaterra (GOODSON, 2007, p. 248). Esse tipo de aprendizagem baseia-se na elaboração e na manutenção continuada de uma narrativa de vida, que se alinha à identificação de um propósito e ao estabelecimento de objetivos baseados nele. Em outras palavras, ao resgatar sua história o jovem aprende com ela e consigo mesmo e é capaz de atribuir sentido à sua aprendizagem, assim como a aprendizagem é uma resposta aos acontecimentos de sua vida. Dessa forma, ele se engaja na aprendizagem porque consegue estabelecer relações entre ela e sua trajetória:

> ver a aprendizagem como algo ligado à história de vida é entender que ela está situada em um contexto, e que também tem história – tanto em termos de histórias de vida dos indivíduos e histórias e trajetórias das instituições que oferecem oportunidades formais de aprendizagem, como de histórias de comunidades e situações em que a aprendizagem informal se desenvolve. (GOODSON, 2007, p. 250)

As narrativas encontram seu lugar no currículo prescritivo dentro da área de Linguagens e suas Tecnologias, assim como em Ciências Humanas e Sociais Aplicadas. Nelas, a história dos indivíduos e a interação entre eles constitui o eixo dos saberes e é o campo fértil para a incorporação da aprendizagem por meio de histórias de vida, que se relacionam diretamente com a elaboração de projetos para elas. Essa seria a aprendizagem terciária mencionada por Bauman (2008, p. 160-161), aquela que visa o aprender sobre si mesmo e a construção de um projeto identitário individual e social, baseada em um currículo narrativo e não prescritivo e, portanto, mais inclusivo.

Goodson (2007, p. 251) acredita que a mudança para essa aprendizagem mais significativa e que prepara para a vida deve acontecer em pouco tempo, pois o currículo prescritivo tradicional deve sucumbir às rápidas transformações do mundo globalizado. A principal habilidade dos novos tempos não é o domínio de saberes que estão disponíveis em inúmeras fontes de consulta, mas a capacidade das pessoas de identificar, narrar e seguir seus propósitos de vida no presente e no futuro marcado por constantes mudanças sociais utilizando esses conhecimentos conectados com seus repertórios pessoais.

Segundo esse estudioso, a maioria dos recursos educacionais é destinada às disciplinas do currículo tradicional, sendo as disciplinas relacionadas ao mundo do trabalho ou à vida cotidiana do estudante as menos favorecidas quanto a carga horária, investimentos e valorização, como poderia ser o Projeto de Vida no caso do Brasil. A Educação Integral, apenas recentemente proposta pela BNCC (BRASIL, 2018), visa suprir parte dessa lacuna formativa deixada por décadas de educação focada nos conteúdos e não nos alunos e em suas histórias.

Linguagens e suas Tecnologias, PV e currículo de vida

A proposta de construção de currículos de vida se alinha ao objetivo da área de Linguagens e suas Tecnologias no Ensino Médio (BRASIL, 2018, p. 482): "propiciar oportunidades para a consolidação e a ampliação das habilidades de uso e de reflexão sobre as linguagens – artísticas, corporais e verbais (oral ou visual-motora, como Libras, e escrita)". Por meio da linguagem verbal e artística, o aluno resgata sua história enquanto produz o gênero currículo em novos formatos, ressignificando-o e ressignificando a si mesmo.

A atividade proposta mobiliza seis das sete Competências Específicas de Linguagens e suas Tecnologias para o Ensino Médio:

> 1. Compreender o funcionamento das *diferentes linguagens* e práticas culturais (artísticas, corporais e verbais) e *mobilizar esses conhecimentos* na recepção e *produção de discursos* nos diferentes campos de atuação social e nas diversas mídias, para ampliar as formas de participação social, o entendimento e as *possibilidades de explicação e interpretação crítica da realidade e para continuar aprendendo.*
> 2. Compreender os *processos identitários*, conflitos e relações de poder que permeiam as práticas sociais de linguagem, *respeitando as diversidades* e a pluralidade de ideias e posições, e atuar socialmente com base em princípios e valores assentados na democracia, na igualdade e nos Direitos Humanos, *exercitando o autoconhecimento, a empatia, o diálogo,* a resolução de conflitos e a cooperação, e combatendo preconceitos de qualquer natureza.
> 3. Utilizar *diferentes linguagens (artísticas, corporais e verbais)* para exercer, com autonomia e colaboração, *protagonismo e autoria na*

vida pessoal e coletiva, de forma crítica, criativa, ética e solidária, defendendo pontos de vista que respeitem o outro e promovam os Direitos Humanos, a consciência socioambiental e o consumo responsável, em âmbito local, regional e global. [...]

5. Compreender os processos de *produção e negociação de sentidos nas práticas corporais*, reconhecendo-as e vivenciando-as como *formas de expressão de valores e identidades*, em uma perspectiva democrática e de *respeito à diversidade*.

6. *Apreciar esteticamente as mais diversas produções artísticas e culturais*, considerando suas características locais, regionais e globais, e *mobilizar seus conhecimentos sobre as linguagens artísticas para dar significado e (re)construir produções autorais individuais e coletivas*, exercendo *protagonismo de maneira crítica e criativa, com respeito à diversidade de saberes, identidades e culturas*.

7. Mobilizar *práticas de linguagem no universo digital*, considerando as dimensões técnicas, críticas, criativas, éticas e estéticas, para expandir as *formas de produzir sentidos*, de engajar-se em *práticas autorais* e coletivas, e de aprender a aprender nos campos da ciência, *cultura, trabalho,* informação e *vida pessoal e coletiva*. (BRASIL, 2018, p. 490, grifos nossos)

Ao desenvolver essas competências por meio da criação de um currículo de vida, a prática contribui para o desenvolvimento integral dos jovens dentro do âmbito da área de Linguagens e suas Tecnologias. Ademais, estabelece relações com a área de Ciências Humanas e Sociais Aplicadas por propor diálogos entre os indivíduos e suas experiências sociais e promover o protagonismo juvenil abordando temáticas no âmbito das noções de indivíduo, sociedade e cultura.

A primeira etapa da proposta de elaboração do currículo afetivo trata de identificar o capital narrativo (GOODSON, 2007, p. 248), ou seja, os fatos ou as memórias dos alunos que podem constituir material para a construção de uma narrativa de vida.

Na segunda etapa, os jovens devem articular esses fatos relevantes do passado com as consequências dele no presente:

> a articulação das histórias de vida é a atividade por meio da qual o significado e o objetivo são inseridos na vida. No tipo de sociedade em que vivemos, a articulação é, e precisa continuar a ser, uma tarefa e um direito individuais. (BAUMAN, 2008, p. 22)

Na terceira etapa, propõe-se que os alunos compartilhem suas histórias com os colegas, em um ambiente de abertura ao outro e receptividade em ouvir e acolhê-los.

Na quarta etapa de elaboração do currículo de vida, ao escolher e utilizar diferentes linguagens artísticas, o aluno desenvolve o conhecimento e a representação de si, conectando pensamento, sensibilidade e ludicidade para contar sua vida.

Uma vez concluído o processo de construção e apresentação dos currículos de vida, pode-se propor a etapa cinco, na qual os alunos são motivados a relacionar experiências pessoais com estudos escolares.

Por fim, na etapa seis, sugere-se realizar uma autoavaliação do desenvolvimento e da aprendizagem com base em critérios subjetivos.

A seguir, descrevo essas etapas da proposta de produção de um currículo identitário, representativo, utilizando as múltiplas representações da linguagem verbal, visual e/ou corporal. Para além de uma prática textual, a atividade proporciona a oportunidade de realizar uma produção autoral sobre si mesmo, como uma memória da própria vida até o momento, favorecendo o desenvolvimento dos jovens nos campos da vida pessoal, artística e de atuação na vida pública.

Convido-o, colega educador, a avaliá-la e adaptá-la à sua realidade, aos seus jovens e às suas vidas. Do mesmo modo, estendo o convite a você para que produza o seu currículo de vida em paralelo ao dos seus alunos, engajado com o desenvolvimento das dimensões pessoal, social e profissional do seu PV. Ao ter maior tempo de vida, é possível que esteja mais habituado a analisar os impactos dos grandes eventos e dos acontecimentos fortuitos na sua vida adulta, estabelecendo relações de causa e consequência entre eles. A atividade pode motivá-lo a estruturar essas reflexões, dar a elas um formato original e próprio e levá-lo a pensar nos seus projetos e na sua vida. Tanto os jovens quanto você estão em constante construção, e são os pilares do passado que erguem as estruturas para o futuro.

Vivências

Etapa 1: Levantamento de fatos ou momentos relevantes

Nesta etapa inicial, os jovens devem identificar entre cinco e dez fatos ou momentos marcantes de suas vidas, anotando-os em seus cadernos. Esses fatos ou momentos podem não corresponder a períodos cronológicos, como o dia em que entraram na escola em que estudam, por exemplo, e sim a um evento importante cuja data não se recordem bem, mas que tenha sido um marco na sua história e tenha contribuído para que sejam quem são hoje, ainda que quando ocorreram eles não tenham tido consciência disso.

Tais fatos ou momentos podem se referir à vida escolar, afetiva, familiar, mas também a experiências sociais, ambientais, estéticas etc. Não há critérios predeterminados, como idade em que ocorreram ou relevância social, para se considerar um fato digno de ser destacado em uma história; a importância dele para a identidade do jovem é o que o torna um capital, um patrimônio seu a ser compartilhado nessa vivência.

Vale destacar que, diferentemente de uma linha do tempo, no currículo de vida não se trata de encadear fatos como nascimento, início de um relacionamento etc., exceto se esses fatos forem especialmente relevantes para a identidade do jovem. A perda de um familiar ou uma doença podem ser tão importantes quanto uma conquista pessoal ou uma viagem. Os critérios são subjetivos e, em hipótese alguma, devem ser desvalorizados.

> **CURRÍCULO AFETIVO**
>
> Para que os alunos vejam exemplos de fatos marcantes, você pode comentar sobre suas vivências, caso se sinta à vontade. Por exemplo, falar sobre uma aula da faculdade que o marcou; o nascimento de um filho; uma situação cotidiana que o fez repensar sua posição sobre algum tema; uma pessoa que conheceu que o fez mudar seus planos etc.
>
> Essa atividade, além de servir de inspiração para os alunos, pode contribuir para a análise e a construção do seu currículo de vida. Se desejar, retome o currículo afetivo elaborado no Capítulo 3 para se inspirar e rememorar sua trajetória.

Deixe claro que não existem respostas corretas e que quem julga o que é relevante para si é apenas o próprio jovem, sem influência de colegas, familiares ou do próprio professor.

Se julgar oportuno, amplie a discussão sobre o critério de seleção desse capital narrativo com base na percepção de tempo de alguns eventos: há dias que parecem toda uma vida pela sua intensidade e pelo impacto em uma história, assim como há períodos em que "nada acontece", mesmo que haja datas comemorativas ao longo deles. O valor e a percepção do tempo estão relacionados à relevância do que é vivido e não ao tempo do calendário. Você pode pedir aos alunos que relatem experiências de divergência entre tempo real versus tempo percebido, ajudando-os a identificar, assim, vivências relevantes em suas vidas.

Outra forma de ampliar essa identificação de vivências relevantes é propor a leitura de diários ficcionais, blogs ou outros tipos de narrativas que abordem a descrição de experiências e autoconhecimento. Elas podem ser o *input* para que os alunos acessem lembranças e histórias de sua infância e adolescência.

Dê tempo para a realização da atividade em classe ou em casa. O processo de resgate da própria história pode ser lento e, por vezes, doloroso. Permita que os alunos se expressem durante a realização das atividades, se desejarem.

Etapa 2: Articulação entre os fatos relevantes (passado) e o presente

Oriente os alunos a escreverem ao lado de cada fato ou memória o porquê de ele ter sido relevante quando ocorreu. Em seguida, peça que escrevam por que esse evento é relevante na história deles até hoje, se eles se tornaram pessoas com características diferentes após essas vivências e quanto esse evento interfere em quem são no presente. Você pode fazer o mesmo com os fatos que destacou da sua vida, como exemplo para eles e reflexão sobre a sua trajetória.

Assim como na etapa anterior, é importante respeitar as conexões estabelecidas pelos alunos e motivá-los a valorizá-las. A tarefa não é simples, porque demanda uma análise subjetiva e objetiva, ao mesmo tempo, dos fatos e de si mesmo, conduzindo a um possível exercício de autocrítica e autoconhecimento.

Articular é construir um conjunto de relações a partir de novas perspectivas e novos olhares. Ao perceber a importância de certos eventos em sua personalidade, eles se conhecem mais e identificam interesses e possíveis habilidades, contribuindo, assim, para o processo de tomada de decisões e de escolhas pessoais, sociais e profissionais.

É importante que eles estabeleçam relações entre fatos aparentemente irrelevantes para um currículo tradicional, como uma viagem com os amigos, e a contribuição deles para a construção da sua identidade e, se for o caso, para a escolha de uma área profissional. Por exemplo, fazer uma trilha na adolescência pode ter despertado no jovem o senso de altruísmo e cuidado coletivo ao ter que cuidar de um amigo que se machucou. Essa experiência pode ser relevante para levar o aluno a escolher a carreira de Enfermagem, por exemplo, ou, ao contrário, perceber que não se identifica com a área de Saúde. Ao resgatar esses fatos que a princípio passaram despercebidos na sua história, é possível dar novos significados a essas vivências, traçando relações entre suas experiências (seu currículo de vida) e suas escolhas.

Esse resgate será representado pelos jovens por meio de uma seleção de palavras, imagens e sons que ilustram, identificam e nomeiam sentimentos e aprendizados em relação a tais vivências, vistos com uma perspectiva temporal que os acondicionam em novos lugares afetivos.

Uma forma de representar essas experiências pode ser fotografar objetos relacionados a elas, ou resgatar fotos desses eventos (se houve registros), ou fazer uma *playlist* que represente os sentimentos relacionados àquele momento.

No caso de eventos cotidianos, eles podem representar pequenas dramatizações em sala retratando o diálogo que tiveram que os marcou, criando um meme com uma frase que leram que se tornou muito importante para eles, selecionando uma foto de um alimento que os remeta à convivência com alguém etc.

Novamente, você pode fazer o mesmo e dar início à prática, representando o seu repertório pessoal com objetos, imagens, textos, músicas etc.

Etapa 3: Compartilhamento de histórias de vida

Nesta etapa os alunos, reunidos em grupos de três integrantes, podem compartilhar alguns dos eventos que marcaram sua trajetória. Esclareça que não se pretende fazer dessa atividade uma sessão de terapia de grupo, e sim uma escuta ativa, sem pretensão de aconselhamento ou julgamento.

Estruturar o discurso, compartilhar vivências e aprendizados e estar aberto a ouvir os comentários de pessoas próximas é um exercício de autoanálise. Contar e recontar a própria vida para si mesmo são atos de organização e ressignificação do passado, do presente e do futuro. Ao narrar parte da vida, é possível fantasiá-la ou tirar camadas de irrealidade dos fatos, é possível rir do que, em outro momento, foi sinônimo de sofrimento, ou extravasar o que fora sentimento reprimido.

> As vidas vividas e as vidas contadas são, por essa razão, estreitamente interconectadas e interdependentes. Podemos dizer, o que é paradoxal, que as histórias de vidas contadas interferem nas vidas vividas antes que as vidas tenham sido vividas para serem contadas... [...]
> As histórias de vida são ostensivamente guiadas pela modesta ambição de instigar ("em retrospecto", "com o benefício da visão posterior") uma "lógica interna" e um significado nas vidas que elas contam outra vez. (BAUMAN, 2008, p. 15)

Nessa prática em grupo de ressignificação da história de vida, garanta que os alunos se sintam à vontade para formar os grupos com os colegas com os quais tenham maior afinidade, de modo a não se sentirem expostos ou vulneráveis ao falar de si. Caso não desejem compartilhar todos ou alguns eventos, respeite-os. Esteja atento para que a atividade não desencadeie julgamentos, *bullying* ou qualquer tipo de atitude discriminatória.

O processo de construção e exposição de uma narrativa de forma oral é uma prática social prevista para ser desenvolvida na área de Linguagens e suas Tecnologias e, embora o tema em questão possa gerar certa insegurança, o ato de se expressar sobre si deve ser incentivado.

Esclareça que, ao narrar episódios de suas vidas, se elaboram os pensamentos, os sentimentos e o discurso, organizando as lembranças e trazendo-as para o presente. Ao ouvir os colegas, novos significados são atribuídos a essas vivências, novas conexões são estabelecidas com a própria história e com a história da sociedade em que o jovem está inserido.

Mais uma vez você pode dar início à atividade com o seu exemplo ou levar vídeos de pessoas contando episódios divertidos de suas vidas ou, inclusive, momentos de tristeza, destacando o crescimento que esses eventos proporcionaram e a relevância deles para as pessoas que são hoje.

Etapa 4: Elaboração de um currículo de vida utilizando diferentes linguagens

Uma vez identificados os eventos relevantes e a função deles na identidade dos jovens, os alunos devem produzir seus currículos de vida com base apenas nesses eventos. Esclareça que, diferentemente de um currículo tradicional destinado a apresentar um candidato a um selecionador do mercado de trabalho, este visa apresentar o jovem a si mesmo e aos seus colegas. Nele a ordem cronológica pode ser dispensada, novas divisões ou critérios organizadores podem ser criados, diferentes linguagens podem ser usadas; o objetivo é que os alunos se reconheçam nessa produção autoral e pessoal. O currículo pode ser organizado, por exemplo, com humor, destacando "momentos de glória" e "momentos nada memoráveis". Outra possibilidade é retratar o antes e o depois de algum aspecto da vida: "antes de entrar nesta escola" e "depois de conhecer a galera da turma", entre outros critérios que reforcem os eventos que geraram impacto em suas vidas. Você pode inspirá-los apresentando esses exemplos ou comentando como organizou o seu currículo de vida, compartilhando com eles os seus critérios.

Os estudantes – e você – podem utilizar recursos multimídia para a produção de seus currículos de vida, incluindo fotos, vídeos, áudios etc. Estimule-os a exercitarem a criatividade e apresentarem os eventos marcantes de suas vidas de formas inusitadas, por exemplo com memes ou *playlists* musicais, poemas, ou com expressões corporais, como danças registradas em vídeos ou, ainda, produzindo seus currículos de vida em outro idioma, como língua inglesa, língua espanhola ou outra com a qual se identifiquem. A atividade favorece que os alunos desenvolvam "habilidades e critérios de curadoria e de apreciação ética e estética" (BRASIL, 2018, p. 488), representados nas suas produções.

Dê tempo para que realizem a produção em casa, para que possam ter acesso aos recursos de que necessitam para suas produções. É importante que as criações sejam individuais, mas eles podem contar com a ajuda de colegas para viabilizá-las; por exemplo, um aluno que queira compor uma música pode contar com o auxílio de um colega que toque um instrumento para acompanhá-lo.

A escolha das linguagens é parte fundamental do processo de articulação das vivências com o presente e de construção de identidade, além de, mais uma vez, suscitar interesses e habilidades que podem, inclusive, se tornar indicativos de caminhos profissionais. No entanto, ressalte que mais importante que os recursos utilizados é o processo de construção dessa autonarrativa, que visa resgatar sua história.

A Arte é a área ideal para prover recursos e *inputs* reflexivos e sensíveis em quem se manifesta por meio dela e em quem a recebe como espectador-ouvinte, como no caso desta etapa.

> É na aprendizagem, na pesquisa e no fazer artístico que as percepções e compreensões do mundo se ampliam e se interconectam, em uma perspectiva crítica, sensível e poética em relação à vida, que permite aos sujeitos estar abertos às percepções e experiências, mediante a capacidade de imaginar e ressignificar os cotidianos e rotinas. (BRASIL, 2018, p. 482)

Ao representar seus currículos por meio de linguagens escolhidas por eles, com as quais se identificam, os jovens exercem a liberdade e a construção da identidade, expressando-se sobre si e sobre como veem o mundo, abandonando o formato padrão e impessoal de um currículo profissional, esse gênero que os representará ao longo de toda a vida e com o qual é desejável que estabeleçam uma relação de autoria e representatividade.

Se você perceber que os alunos estão tendo dificuldades de pensar em linguagens inusitadas para suas produções, oriente-os a pesquisar currículos profissionais criativos na internet, para que se inspirem e vejam como uma apresentação não tradicional e significativa pode, inclusive, abrir portas em determinadas áreas profissionais.

Como exemplo de criatividade, proponha que conheçam o caso de uma contadora que criou seu currículo em uma lata de leite condensado e com QR Code (G1, 2019). Embora o objetivo da atividade não seja a criação de um currículo convencional, mas de um currículo de vida, a inspiração em modelos que romperam com o tradicional pode ajudá-los a pensar em formas inesperadas para suas produções.

Outra opção é partir da produção de currículos ou videocurrículos profissionais: oriente-os a pesquisar diversos modelos, a organizar as informações que podem ser apresentadas neles e a produzir esse texto. Essa prática pode contribuir para que se sintam mais confiantes quanto ao gênero e a si mesmos e, a partir dela, possam ter maior facilidade para criar seus currículos de vida.

Um questionamento que pode ser levantado pelos alunos é que eles não possuem experiência profissional; nesse caso, as características socioemocionais podem ser destacadas, assim como experiências não profissionais, como atividades de voluntariado, liderança de grupos juvenis, trabalho em grupo etc.

Quando finalizarem as produções, os alunos devem apresentá-las à turma. Novamente é importante garantir o respeito em sala, para que todos se sintam confortáveis para se expressar.

Ao vivenciar essa experiência significativa com uma prática de linguagem baseada em multiletramentos, os jovens estabelecem vínculos com a sua história e o seu currículo, empoderando-se, assim, da sua preparação para o trabalho, alinhados à Competência Geral 6 – Trabalho e Projeto de Vida e à Competência Geral 8 – Autoconhecimento e autocuidado da BNCC (BRASIL, 2018, p. 9-10).

A depender dos eventos selecionados e do resultado do currículo produzido, ele pode ser adaptado para apresentações profissionais, semelhante a um portfólio, por resgatar, de forma significativa, os saberes, as experiências, a personalidade e as aprendizagens desses jovens, por meio de representações estéticas da sua história de vida. Caso os alunos decidam realmente utilizar esse produto educativo para fins profissionais, ajude-os a incluir dados fundamentais nesse gênero textual, como informações de contato, formação, habilidades e experiências, caso não as tenham incluído.

Etapa 5: Relação educação formal X informal

Nesta etapa, intencionalmente realizada somente após a construção do currículo de vida para garantir que ele não tenha, a princípio, um viés educacional, é possível estabelecer relações entre as aprendizagens formais e as informais dos alunos.

Uma vivência pode ter despertado maior interesse por um componente, por exemplo, ou assistir a uma série em uma plataforma de *streaming* pode ter ajudado a compreender um conteúdo e a refletir sobre questões pessoais.

Esse exercício consciente de trazer a vida pessoal para a escola e vice-versa deveria ser cotidiano, natural, tornando o currículo escolar algo integrado à vida. No entanto, décadas de educação tradicional ainda se refletem nas práticas escolares, e esse percurso significativo e integral ainda precisa ser percorrido por alunos e professores, juntos.

A BNCC apresenta-se como um documento oficial que vai ao encontro dessa visão integradora, em especial ao tratar do campo da vida pessoal dentro da área de Linguagens e suas Tecnologias e estabelecer que é preciso proporcionar oportunidades para que os jovens possam articular seus saberes e experiências adquiridos tanto na aprendizagem formal quanto na informal:

> O *campo da vida pessoal* pretende funcionar como espaço de articulações e sínteses das aprendizagens de outros campos postas a serviço dos projetos de vida dos estudantes. As práticas de linguagem privilegiadas nesse campo relacionam-se com a ampliação do saber sobre si, tendo em vista as condições que cercam a vida contemporânea e as condições juvenis no Brasil e no mundo.
> Está em questão também possibilitar vivências significativas de práticas colaborativas em situações de interação presenciais ou em am-

bientes digitais, inclusive por meio da articulação com outras áreas e campos, e com os projetos e escolhas pessoais dos jovens. Nessas vivências, os estudantes podem aprender procedimentos de levantamento, tratamento e divulgação de dados e informações, e a usar esses dados em produções diversas e na proposição de ações e projetos de natureza variada, exercendo protagonismo de forma contextualizada. (BRASIL, 2018, p. 512, grifo nosso)

A BNCC (BRASIL, 2018, p. 510) reitera, ainda, que é preciso prever essas práticas ao longo de todo o Ensino Médio:

> Parâmetros para a organização/progressão curricular
> Garantir espaço, ao longo dos três anos, para que os estudantes possam: [...]
> – saber sobre si, com foco na retomada da trajetória de formação (aprendizagens mais significativas, dentro e fora da escola, interesses, potências e necessidades), dos modos privilegiados de expressão etc.

Essas articulações entre os diversos tipos de saberes, aprendizagens e interesses são parte essencial da Educação Integral, porque consideram o indivíduo dentro e fora da escola, aprendendo e ensinando em todos os seus papéis sociais: como indivíduo, como membro de uma família, como cidadão, como aluno, como futuro profissional etc.

RESSIGNIFICAÇÃO DA EXPERIÊNCIA

É em combate à separação entre escola, trabalho e "vida real" que tem lugar o currículo de vida. Ele propõe não só a junção das aprendizagens em uma "folha de atividades realizadas no período escolar e no contraturno", mas uma ressignificação das experiências internas e externas à escola. É a vida aprendendo com a escola e a escola aprendendo com a vida; professores e alunos ao mesmo tempo, no mesmo ser; nesse caso, o jovem.

Para encaminhar essa atividade, você pode pedir para que tentem articular as principais vivências e aprendizagens que destacaram de suas vidas com esses quatro grandes eixos:

1. **Educação permanente**: estudos formais e não formais.
2. **Ações de interesse social**: trabalho voluntário, participação social etc.
3. **Entretenimento**: atividades esportivas, recreativas, culturais e de lazer.
4. **Aprendizado pela convivência**: atividades do cotidiano, como cozinhar ou realizar um trabalho manual.

Evidentemente, nem todas as vivências descritas pelos alunos se enquadram nessas categorias, justamente porque partem de suas histórias e provavelmente irão retratar mais situações da dimensão pessoal do que da acadêmica. No entanto, o exercício de estabelecer relações entre tais vivências e os diferentes âmbitos de aprendizagem formal e informal promove a consciência sobre o quanto a vida (o currículo narrativo) e a escola (o currículo prescritivo) podem e devem estar interligadas, comprovando que a educação não se dá apenas nos muros da escola, como se estivesse à margem da vida. Aprende-se e vive-se a todo momento; o aluno e o ser social são o mesmo indivíduo, e esses conhecimentos e vivências do passado e do presente permearão os aprendizados do futuro, tanto de vida quanto cognitivos.

Aprender consigo mesmo contribui para o desenvolvimento nas dimensões pessoal e profissional do Projeto de Vida, pois favorece a identificação de tendências de interesses e comportamentos dos alunos, por exemplo inclinação a estudos e lazer em uma determinada área, dificuldades e rejeição a outras, superação de limitações e/ou aquisição de novas habilidades etc.

Etapa 6: Autoavaliação

Ao final das etapas previstas nesta proposta, é importante promover um momento de avaliação dos próprios alunos sobre seu engajamento e seu desenvolvimento nos processos de autoconhecimento, autoconceito, apresentação pessoal, comunicação, argumentação e empatia, competências essas previstas na BNCC (BRASIL, 2018, p. 9-10).

Ademais, é importante motivá-los a refletir, intencionalmente, sobre essas vivências e a construção de seus projetos de vida: essa atividade gerou mudanças ou confirmações quanto ao propósito? Favoreceu a definição de novos objetivos de vida e de desenvolvimento pessoal? Contribuiu para a identificação de interesses e habilidades relacionados à dimensão social ou à profissional?

Não há respostas corretas e é desejável que os alunos não sejam avaliados pelas suas reflexões na atividade de autoavaliação; esse instrumento deve ser útil apenas para eles. A avaliação da atividade deve ter como critérios o engajamento dos alunos nas etapas propostas e, se for possível determinar, o grau de evolução em relação a eles mesmos, sem que haja comparações ou níveis quantitativos de desempenho.

Considerações finais

A noção de currículo neste texto foi abordada de diversas perspectivas: como gênero discursivo, como produção autoral e como proposta educacional, transitando entre as dimensões pessoal, social e profissional de Projeto de Vida. Ele foi apresentado como meio e como fim para a atribuição de sentido às vivências e às aprendizagens dentro e fora da escola.

Se o currículo escolar não pode ser totalmente flexibilizado e personalizado devido a exames formais e padronizações regionais ou nacionais, ele pode, ao menos, ser articulado com o projeto de vida dos alunos, estabelecendo novos significados e novas funções:

> No novo futuro social, devemos esperar que o currículo se comprometa com as missões, paixões e propósitos que as pessoas articulam em suas vidas. Isto seria verdadeiramente um currículo para empoderamento.
> Passar da aprendizagem prescritiva autoritária e primária para uma aprendizagem narrativa e terciária poderia transformar nossas instituições educacionais e fazê-las cumprir sua antiga promessa de ajudar a mudar o futuro social de seus alunos. (GOODSON, 2007, p. 251)

Transformar o futuro social dos alunos passa, primeiro, por escutá-los, por dar voz a eles e trazer suas vidas para dentro da sala de aula. A escola, que tanto ensina, precisa aprender que não é a única professora: a sociedade também é uma educadora e traz consigo uma série de professores, como as famílias, o meio socioeconômico, a cultura, entre outros, também conhecidos como "vida".

Para projetar a vida é preciso estabelecer uma relação significativa com ela, com todas as suas dimensões. A dimensão pessoal precisa ser escolarizada, a dimensão social precisa ser profissionalizada e a dimensão profissional precisa ser personalizada. Essa articulação entre as dimensões e as vivências de todas as esferas da vida é o que promove o engajamento com propósitos e projetos, é o que motiva a querer "escrever" currículos com mais histórias que fatos, com mais significado que páginas.

Seu projeto de vida

A Educação está se reinventando: todo o saber enciclopédico está a um clique de distância, deixando professores e escolas diante de uma obrigação de também se reinventar para promover uma Educação Integral, que ensine mais que conteúdos: que ensine a ser e a viver.

A escola focada nos saberes dos componentes curriculares e que despreza as histórias pessoais dos alunos caminha para a rejeição das juventudes, como temos observado pelos espantosos números de evasão escolar.

A área de Linguagens e suas Tecnologias tem a seu dispor as ferramentas e os saberes relacionados à comunicação e expressão, essenciais para a convivência e construção de identidades, que podem dar um novo sentido ao espaço escolar: a escrita de histórias próprias, para além de redações de vestibular.

Uma escola que exclui a história dos seus alunos não pode querer que eles sejam parte da sua história. Do mesmo modo, as histórias dos docentes e de toda a comunidade escolar deveriam ser o eixo do currículo da instituição, porque é o que, na prática, lhe dá identidade e sentido de pertencimento.

Você, professor, ao fazer o seu currículo de vida, consegue identificar quanto da escola é parte da sua vida? Que fatos da sua vida contribuíram para a sua escolha pela Educação? Algum fato que a princípio não entraria no seu currículo profissional seria destaque no seu currículo de vida? Você é capaz de separar o seu currículo profissional do de vida? Consegue identificar qual contribuiu mais para o outro?

Reitero o convite para que você olhe para o seu currículo profissional e, assim como nas etapas deste capítulo, identifique os fatos e memórias que se articulam com as suas vivências e experiências profissionais.

Retome seu projeto de vida e reflita sobre quais fatos e memórias podem ou precisam ser construídos para que o seu currículo profissional, no futuro, se alinhe ao seu currículo de vida hoje.

É difícil prever e definir as histórias que viveremos e as linhas que escreveremos nos nossos currículos, mas é possível conectá-las com nossos projetos.

Se o futuro é incerto, o presente não é e pode ser escrito hoje. Currículos escolares precisam ser (res)significados, assim como currículos de vida precisam ser escolarizados, e esse processo pode começar a acontecer nas suas aulas, dentro do seu currículo profissional e de vida.

Referências

BAKHTIN, Mikhail Mikhailovich. Os gêneros do discurso. *In*: *Estética da criação verbal*. São Paulo: WMF Martins Fontes, 2011. p. 261-306.

BAUMAN, Zygmunt. Educação: sob, para e apesar da pós-modernidade. *In*: *A sociedade individualizada*: vidas contadas e histórias vividas. Rio de Janeiro: Zahar, 2008. p. 158-177.

_____. Vidas contadas e histórias vividas: uma proposta inicial. *In*: *A sociedade individualizada*: vidas contadas e histórias vividas. Rio de Janeiro: Zahar, 2008. p. 7-23.

BRASIL. *Base Nacional Comum Curricular*. Brasília, DF: MEC, 2018.

G1. Desempregada há 2 meses, contadora da BA cria currículo em lata de leite condensado para se destacar. *G1 BA*, Salvador, 9 jan. 2019. Disponível em: https://g1.globo.com/ba/bahia/noticia/2019/01/09/desempregada-ha-2-meses-contadora-da-ba-cria-curriculo-em-lata-de-leite-condensado-para-se-destacar.ghtml. Acesso em: 18 dez. 2022.

GOODSON, Ivor. Currículo, narrativa e o futuro social. *Revista Brasileira de Educação*, Rio de Janeiro, v. 12, n. 35, 2007.

CAPÍTULO 7

MATEMÁTICA E SUAS TECNOLOGIAS E PROJETO DE VIDA

Fabio Martins de Leonardo

A Matemática é uma ciência que contribui para a compreensão, tradução e modelagem de situações relacionadas a diversas Áreas do Conhecimento, como a Engenharia, a Arte, a Medicina, a Arquitetura e a Tecnologia da Informação. Ela também é importante para práticas da vida cotidiana: acionamos habilidades e conhecimentos matemáticos para compreender situações financeiras e tomar decisões referentes a elas; para ler e interpretar os gráficos e as tabelas que vemos nos noticiários; para elaborar estimativas e inferências pautadas na análise de dados, entre outros contextos. Estudar essa ciência, portanto, contribui para o desenvolvimento de competências, habilidades e atitudes imprescindíveis tanto para o mundo do trabalho quanto para a vida cotidiana. Quando planejamos ações e projetamos uma solução para um problema que exige iniciativa e criatividade, por exemplo, mesmo sem nos dar conta, estamos compreendendo e transmitindo ideias matemáticas, desenvolvendo nossa capacidade de argumentação na sustentação de projetos.

De acordo com a Base Nacional Comum Curricular, nos estudos referentes à área de Matemática e suas Tecnologias, espera-se que os estudantes desenvolvam ao longo da Educação Básica habilidades relativas aos processos de investigação, de construção de modelos e de resolução de problemas. Para isso, eles devem raciocinar, representar, comunicar e argumentar, ou seja, devem desenvolver competências imprescindíveis para o enfrentamento de situações cotidianas e que dão suporte para o desenvolvimento de projetos, incluindo projetos de vida.

Ao longo deste capítulo, vamos apresentar possibilidades de como competências específicas e habilidades da área de Matemática e suas Tecnologias, atreladas a conhecimentos de outras áreas, podem ser trabalhadas com estudantes do Ensino Médio com o intuito de ajudá-los a definir, organizar, desenvolver e realizar seus projetos de vida, destacando o papel da mediação do professor. Não apenas o docente que possua formação em Matemática ou em áreas relacionadas, mas qualquer docente pode e deve incentivar a análise dos aspectos ligados ao raciocínio lógico e analítico na construção de projetos de vida responsáveis, em especial do ponto de vista econômico-financeiro. Para isso, neste texto sugerimos algumas atividades acessíveis, que não requerem conhecimentos matemáticos avançados, a fim de incentivar tanto os colegas da área quanto os de outras a trabalhá-los nas aulas de PV de forma autônoma ou interdisciplinar.

Do mesmo modo, as propostas e reflexões apresentadas neste texto podem ser úteis na construção do projeto de vida do professor, adaptando-as à sua realidade e aos seus objetivos.

A mediação do professor e o uso de metodologias ativas

Podemos partir de dois requisitos para o trabalho com projetos de vida no ambiente escolar: conhecer os estudantes e estabelecer com eles um bom canal de comunicação. Ouvir os jovens, saber do que eles gostam e pelo que se interessam permite ao professor atuar de maneira empática, sendo este um ponto de partida para entender as necessidades dos alunos, aproximar-se deles e viabilizar discussões abertas, pertinentes para a realização do trabalho.

Entre os diversos caminhos trilháveis para se atingir esses objetivos, um bastante simples e amplamente difundido é promover, já nos primeiros encontros, um momento destinado à apresentação de cada estudante e do próprio professor, em que cada um conta sua história de vida, compartilha seus interesses e seus objetivos a curto, médio e longo prazo. Nessa dinâmica, é desejável que o professor seja o primeiro a se apresentar, não só para que sirva de modelo à apresentação dos alunos, mas também para mostrar-se aberto aos estudantes, deixando evidente que a via da comunicação será de mão dupla e diminuindo o grau de desconforto que eles eventualmente possam sentir quando expostos diante dos colegas. Depois de sua apresentação, o professor assume um papel de escuta diagnóstica, buscando, em especial, identificar os objetivos apresentados por cada um dos alunos. Esses objetivos podem dar indícios de projetos de vida, mesmo que ainda não claramente desenhados, precisando ser desenvolvidos, amadurecidos e lapidados.

No processo de identificação, construção e desenvolvimento dos projetos de vida dos estudantes, espera-se que o professor exerça o papel de orientador e curador, ajudando-os individualmente a selecionar, entre tantas informações, aquela que é mais relevante e confiável para eles. A atuação do professor se fortalece, ao longo de todo o percurso de amadurecimento e execução do projeto de vida, caso o docente opte pelo trabalho com metodologias ativas de aprendizagem, já que elas favorecem o protagonismo dos estudantes na construção do conhecimento e no desenvolvimento de competências.

Com a mediação do professor, as metodologias ativas permitem um trabalho colaborativo, em que todos os envolvidos participam ativamente, o que favorece a construção de projetos de vida individuais com base em interações e trocas entre os jovens, condição essencial para o desenvolvimento do autoconhecimento e de competências de relacionamento.

Entre as diferentes estratégias das metodologias ativas que podem ser adotadas para o trabalho com projetos de vida, a Aprendizagem Baseada em Problemas (ABP) é uma alternativa interessante para aplicar os conhecimentos matemáticos a PV, dada a natureza da área e sua familiaridade com o trabalho de resolução de problemas. Na ABP, o docente apresenta aos estudantes um problema inicial significativo o suficiente para mobilizar o grupo a buscar possíveis soluções para ele. Partindo de uma análise e reflexão coletiva sobre o problema, a partir de questionamentos propostos pelo docente, os alunos constroem o conhecimento e desenvolvem estratégias de trabalho em um ambiente colaborativo; portanto, o processo de aprendizagem dos estudantes na busca de soluções é mais importante que a solução em si.

O quadro a seguir apresenta uma sequência didática para a aplicação da ABP em sala de aula e questionamentos que podem ser postos aos estudantes pelo professor como parte de sua mediação durante o trabalho com um projeto de vida.

SUGESTÃO DE SEQUÊNCIA DIDÁTICA DE ABP	
Etapas	**Mediação do professor**
Apresentação de um problema significativo para os estudantes	▪ Qual é o tema central do problema? ▪ Quais são suas variáveis? ▪ Que informações são relevantes?
Levantamento de conhecimentos sobre o assunto	▪ Qual é a relevância desse problema para vocês? ▪ O que é preciso saber para resolvê-lo?
Análise das variações do problema e desenho de possíveis estratégias de resolução	▪ Se esse problema estivesse em outro contexto, seria diferente? ▪ Quais são as possíveis estratégias de resolução? ▪ É possível decompor esse problema em partes?
Proposta de possíveis soluções	▪ O problema admite solução? Se sim, qual(is)? Se não, há alguma forma de administrar/minimizar suas consequências?
Ponderação da coerência das soluções	▪ As soluções propostas por cada grupo são equivalentes? Quais são as semelhanças e diferenças? ▪ As soluções propostas são coerentes com o contexto em que o problema está inserido?
Debate sobre as estratégias utilizadas e busca de consenso sobre as soluções	▪ As soluções se complementam? ▪ Como a participação de cada um tem contribuído para os resultados?
Apresentação das soluções e avaliação das estratégias e dos resultados	▪ Vocês mudaram a visão que tinham sobre o problema? ▪ O que esse problema agora significa para vocês? ▪ Pensar sobre esse problema os ajudará a enfrentar outros?

Figura 1 – Sugestão de sequência didática de ABP.

Essa sequência didática pode ser adaptada pelo professor, que pode inserir, excluir ou modificar etapas de acordo com sua intenção pedagógica, a natureza do problema proposto, o modo como a proposta se desenvolve ao longo do processo e, em especial, de acordo com a realidade dos estudantes.

A seguir, utilizaremos alguns aspectos da ABP atrelados à Matemática para exemplificar como conhecimentos, habilidades e competências específicas da área de Matemática e suas Tecnologias podem contribuir para o trabalho com projetos de vida no ambiente escolar.

Análise de um projeto de vida como problema

Analisar projetos de vida, sejam eles reais ou hipotéticos, pode ajudar os estudantes a estabelecer relações e refletir sobre os próprios projetos. Um projeto de vida pode, portanto, ser encarado como um problema a ser resolvido, e o professor pode utilizar a ABP como estratégia de trabalho.

Vamos tomar uma situação hipotética que poderia ser compartilhada como problema para análise dos alunos: uma jovem estudante do Ensino Médio, preocupada com a saúde e o condicionamento físico para a prática regular de esportes, decide rever sua alimentação. Ela pretende ter mais controle e consciência daquilo que come, além de consumir menos produtos industrializados, priorizando alimentos mais saudáveis e orgânicos, sem agrotóxicos. Devido à dificuldade em encontrar esses produtos no bairro onde mora e aos altos preços desses alimentos, quando os encontra, a jovem tem a ideia de pesquisar e contatar pequenos produtores da região para criar uma rede de contatos e, talvez, uma cooperativa para atender outras pessoas que também busquem uma alimentação mais saudável. Essa rede, a médio ou a longo prazo, dependendo do interesse e do empenho das pessoas envolvidas, poderia se tornar uma linha de negócio lucrativa e sustentável, que gire a economia local e atenda às necessidades da comunidade.

A situação dessa jovem pode ser encarada como um projeto de vida em suas três dimensões:

- **Pessoal**, já que a estudante pretende cuidar da própria alimentação para melhorar sua saúde e seu desempenho na prática de esportes.
- **Profissional**, pois ela visa empreender e criar um negócio que gere renda para si.
- **Social**, considerando que a cooperativa envolveria produtores e consumidores da região, movimentando a economia local e atendendo pessoas interessadas em consumir alimentos mais saudáveis.

Como essa jovem empreendedora pode colocar em prática esse seu projeto de vida?

Analisar com os estudantes o projeto de vida dessa jovem e pensar em como ela poderia colocar o plano em prática para atingir seus objetivos contribui para que eles pensem em seus próprios projetos e em estratégias que lhes sejam úteis, assim como pode gerar *insights* no próprio docente sobre os seus conhecimentos matemáticos serem utilizados na elaboração ou atualização do seu PV e na contribuição em projetos que visem ao desenvolvimento e ao bem-estar da sociedade.

A proposta de sequência didática da ABP apresentada anteriormente neste capítulo oferece um caminho para a análise, a reflexão e a discussão da situação-exemplo. Quais seriam as respostas dos alunos àquelas perguntas propostas na mediação do professor, considerando o caso da jovem que deseja empreender um negócio sustentável? De que modo essa reflexão contribui para que os estudantes analisem os problemas e/ou as dificuldades dos seus projetos de vida?

Além da ABP, para viabilizar o seu projeto de vida, a estudante terá de mobilizar competências e habilidades de diversas áreas, incluindo as da área de Matemática e suas Tecnologias, que focaremos aqui.

A seguir, mostraremos de que maneira ferramentas contempladas no estudo de Matemática e suas Tecnologias – o pensamento computacional, a pesquisa estatística e o uso de planilhas eletrônicas – poderiam ajudar essa jovem a fazer um planejamento, colocar seu projeto de vida em andamento e atingir seus objetivos.

O pensamento computacional

Com o intuito de garantir aos estudantes as aprendizagens necessárias para atuar em uma sociedade em constante mudança e de prepará-los para profissões e tecnologias e para resolver problemas variados, a BNCC ressalta a importância de se trabalhar o pensamento computacional, que envolve as capacidades de compreender, analisar, definir, modelar, resolver, comparar e automatizar problemas e suas soluções de forma metódica e sistemática, por meio do desenvolvimento de algoritmos.

Claramente, esse trabalho deve ser contemplado em todas as Áreas do Conhecimento, tanto que é trazido na parte introdutória e comum do documento. Na área de Matemática e suas Tecnologias, entretanto, pode-se entender que as oportunidades de se explorar o pensamento computacional desde o Ensino Fundamental são mais facilmente identificáveis devido às características da área, conforme indicado na própria BNCC:

> Os processos matemáticos de resolução de problemas, de investigação, de desenvolvimento de projetos e da modelagem podem ser citados como formas privilegiadas da atividade matemática, motivo pelo qual são, ao mesmo tempo, objeto e estratégia para a aprendizagem ao longo de todo o Ensino Fundamental. Esses processos de aprendizagem são potencialmente ricos para o desenvolvimento de competências fundamentais para o letramento matemático (raciocínio, representação, comunicação e argumentação) e para o desenvolvimento do pensamento computacional. (BRASIL, 2018, p. 266)

Mas, afinal, o que é o pensamento computacional?

Em 2006, a pesquisadora Jeannette Wing usou a expressão "pensamento computacional" no artigo "Computational thinking", no qual relaciona o termo à resolução de problemas de maneira sistemática, decompondo um problema complexo em subproblemas e automatizando a resolução de forma que possa ser executada por uma máquina. Nesse sentido, o pensamento computacional é uma estratégia para resolver problemas, encontrando soluções genéricas para tipos de problemas parecidos.

Não há um consenso sobre como o pensamento computacional deve se estruturar; na literatura encontramos propostas diversas para isso. Para alguns teóricos, o pensamento computacional pode ser estruturado em quatro pilares, que se resumem da seguinte maneira:

1. A decomposição consiste em quebrar um problema em partes menores, de maneira que a resolução de cada uma das partes resulte na resolução do problema inicial.
2. O reconhecimento de padrões ocorre ao se perceber similaridade da situação enfrentada com outra previamente resolvida, o que permite o reaproveitamento de uma estratégia conhecida.
3. A abstração consiste em filtrar as informações e os dados relevantes para a resolução, descartando os dados desnecessários, o que permite uma modelagem do problema mais eficaz.

4. A determinação de um algoritmo, que pode ser definido com uma sequência finita de passos para executar uma tarefa ou resolver um problema.

Apesar de o computador ser um excelente aliado na otimização de tarefas, sobretudo as repetitivas e que envolvem um passo a passo, o pensamento computacional pode ser trabalhado, em sala de aula, sem o uso do computador. É amplamente possível desenvolver o raciocínio estratégico e as habilidades que auxiliam nas etapas do pensamento computacional apenas com atividades "desplugadas".

Vamos agora retomar o projeto de vida hipotético para exemplificar como ele poderia ser trabalhado em sala de aula à luz do pensamento computacional e de Matemática e suas Tecnologias.

Aplicação do pensamento computacional no projeto de vida

Um ponto de partida para o trabalho com o projeto de vida da jovem empreendedora é encará-lo como um problema a ser resolvido por partes. Para isso, é possível lançar aos estudantes perguntas como: de que maneira é possível decompor esse problema em partes menores? Quais são os objetivos de cada uma dessas partes e o que pode ser feito para atingi-los?

Para refletir sobre essas perguntas, os estudantes podem ser organizados em grupos, de modo que cada grupo busque uma maneira de fazer a divisão do problema em partes e defina ações que poderiam ser colocadas em prática para se alcançar o objetivo de cada parte. O quadro a seguir exemplifica uma solução possível.

SUGESTÃO DE DECOMPOSIÇÃO DO PROBLEMA	
Partes	Ações
Cuidar da alimentação	▪ Buscar a reeducação alimentar. ▪ Ter consciência sobre a alimentação. ▪ Consumir alimentos saudáveis. ▪ Fazer refeições balanceadas. ▪ Observar a rotina alimentar. ▪ Evitar produtos industrializados. ▪ Priorizar e consumir alimentos orgânicos. Observação: o ideal é que a reeducação alimentar seja feita sob a orientação de um médico e de um nutricionista.
Melhorar o condicionamento físico e o desempenho na prática de esportes	▪ Cuidar da alimentação. ▪ Praticar exercícios físicos regularmente. ▪ Fazer treinos que visem melhorar o desempenho no esporte. Observação: o ideal é procurar orientação de um médico e de um profissional da área esportiva.
Criar uma rede de contatos (produtores e consumidores)	▪ Pesquisar e contatar pequenos produtores de alimentos orgânicos. ▪ Pesquisar e contatar pessoas da comunidade que buscam produtos orgânicos. ▪ Desenhar uma rede de produtores e consumidores.
Criar um negócio para gerar renda	▪ Analisar a viabilidade de a rede se tornar sustentável (oferta X procura). ▪ Analisar a necessidade desse tipo de negócio na comunidade. ▪ Verificar se há concorrentes (mesmo tipo de negócio). ▪ Verificar qual é o investimento inicial necessário e consegui-lo. ▪ Definir a linha de negócio. ▪ Abrir uma empresa. ▪ Pensar em um nome e uma identidade visual da empresa. ▪ Investir em estratégias de comunicação para impulsionar a empresa.

Figura 2 – Sugestão de decomposição do problema em partes e ações.

Uma vez que o projeto foi dividido em partes menores ou etapas, ao se cumprir cada uma delas, atingindo todos os seus objetivos, realiza-se o projeto como um todo. É importante considerar que algumas ações podem ser realizadas concomitantemente, mesmo que contempladas em partes distintas: por exemplo, "consumir alimentos saudáveis" e "praticar exercícios regularmente". Outras, preferencialmente, devem seguir uma ordem: faz mais sentido investir na abertura da empresa somente depois de se ter estabelecido uma rede de contatos de produtores e consumidores, por exemplo.

Ao se pensar na lista de tarefas que devem ser cumpridas e na ordem em que elas devem ser executadas, estamos desenhando um processo, que pode ser representado por um fluxograma. Tomemos a etapa de "criar um negócio para gerar renda" e algumas perguntas que ajudam a organizar o projeto e a desenhar processos.

O que se pretende alcançar e para quê?	▪ Um negócio que conecte pequenos produtores e consumidores de produtos orgânicos de determinada região.
Como fazer acontecer?	▪ Estabelecer uma rede de produtores e consumidores. ▪ Criar um canal (loja física ou virtual, uma página de rede social e/ou um grupo de aplicativo de mensagens) em que os consumidores possam visualizar e comprar os produtos de interesse. ▪ Entregar os produtos vendidos no prazo estipulado.
Qual será o serviço gerado?	▪ Compra de alimentos saudáveis sem sair de casa.
Quem serão os beneficiários do serviço?	▪ A jovem empreendedora que criou o negócio, os pequenos produtores locais, os consumidores, a economia local e a sociedade em geral.

Figura 3 – Sugestão para desenho de processo da etapa "criar um negócio para gerar renda".

Uma próxima pergunta que poderia auxiliar na análise da situação é: como podemos desenhar o fluxo do processo de compra do produto até a entrega ao cliente?

Para responder a essa pergunta, os estudantes teriam de identificar onde o processo começa e onde termina. Em seguida, pensar em todos os caminhos e prever todas as decisões nele implicadas, mapeando tudo o que é gerado e que pode acontecer, definindo a ordem das tarefas. Com base nessas instruções, os alunos, ainda organizados em grupos, podem propor fluxogramas que descrevam o processo de compra e entrega, como exemplificado a seguir.

FLUXOGRAMA

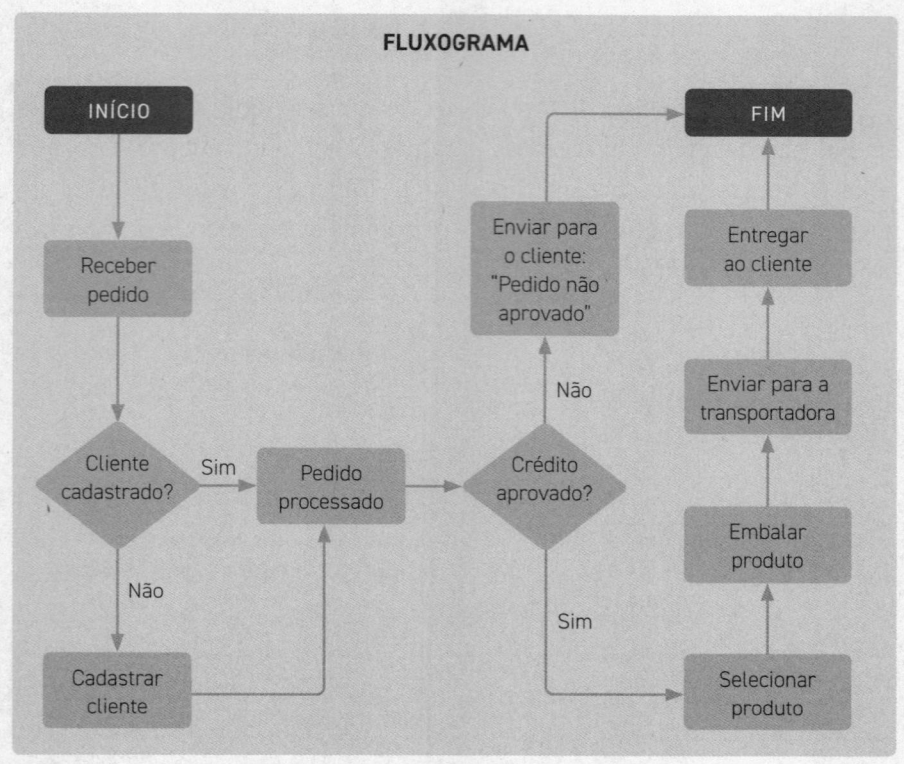

```
INÍCIO
   │
   ▼
Receber pedido
   │
   ▼
Cliente cadastrado? ──Sim──▶ Pedido processado ──▶ Crédito aprovado? ──Não──▶ Enviar para o cliente: "Pedido não aprovado" ──▶ FIM
   │                                                      │
   Não                                                   Sim
   │                                                      │
   ▼                                                      ▼
Cadastrar cliente ──▶ (volta para Pedido processado)   Selecionar produto
                                                          │
                                                          ▼
                                                       Embalar produto
                                                          │
                                                          ▼
                                                       Enviar para a transportadora
                                                          │
                                                          ▼
                                                       Entregar ao cliente
                                                          │
                                                          ▼
                                                         FIM
```

Figura 4 – Fluxograma: da compra do produto à entrega ao cliente.

É provável que os grupos apresentem fluxogramas diferentes e um encaminhamento interessante é fazer uma comparação coletiva dos modelos, identificando semelhanças e diferenças, analisando cada um deles, ajustando possíveis equívocos e avaliando formas de torná-los mais simples e eficientes. O trabalho com fluxogramas pode, então, ser desdobrado para os projetos de vida individuais: o professor convida cada estudante a analisar a possibilidade de desenhar fluxogramas para processos ligados ao seu projeto de vida.

Uma proposta de trabalho como essa, envolvendo o pensamento computacional, está alinhada com a habilidade EM13MAT315 da BNCC: "Investigar e registrar, por meio de um fluxograma, quando possível, um algoritmo que resolve um problema" (BRASIL, 2018, p. 537) e favorece o desenvolvimento das Competências Gerais 2, 4 e 5 (BRASIL, 2018, p. 9-10) e das Competências Específicas 2, 3 e 4 de Matemática e suas Tecnologias (BRASIL, 2018, p. 531).

> **EMPREENDEDORISMO**
>
> Pensar na criação de um negócio que movimente o comércio local e atenda à necessidade da comunidade contribui para o desenvolvimento de habilidades, atitudes e valores que promovem também o empreendedorismo: os estudantes são convidados a usar a criatividade, inovar, organizar, planejar, agir com responsabilidade e liderança, trabalhar de forma colaborativa, ter visão de futuro, assumir riscos, ter resiliência etc.

Essa proposta possibilita, também, um trabalho interdisciplinar com a área de Ciências Humanas e Sociais Aplicadas, por meio do desenvolvimento da habilidade EM13CHS501:

> Analisar os fundamentos da ética em diferentes culturas, tempos e espaços, identificando processos que contribuem para a formação de sujeitos éticos que valorizem a liberdade, a cooperação, a autonomia, o empreendedorismo, a convivência democrática e a solidariedade. (BRASIL, 2018, p. 577)

A pesquisa estatística

Pesquisas e discussões sobre temas importantes ligados aos interesses e às necessidades dos estudantes, como os cuidados com a saúde na adolescência, ajudam a instigar discussões sobre projetos pessoais que podem se tornar coletivos e de cunho social.

A pesquisa estatística pode ajudar a entender melhor as características, os interesses e as necessidades dos jovens – e não só deles, também pode se aplicar a você, professor –; a mapear problemas enfrentados pela comunidade em que eles vivem; a obter informações para traçar estratégias mais assertivas para enfrentar problemas; a colocar em prática projetos de vida.

O projeto de vida tomado como exemplo neste capítulo tem como foco a saúde da jovem e das pessoas da comunidade em que ela vive. Para conhecer melhor o perfil dessas pessoas, ela poderia realizar uma pesquisa estatística: inicialmente, seria preciso definir o escopo da pesquisa, selecionar uma amostra significativa e coletar dados relevantes dessa amostra para definir sua rede de contatos, para alinhar seu negócio e produto e para alimentar futuras ações de divulgação.

O quadro a seguir apresenta um exemplo de como organizar uma pesquisa estatística com foco na saúde dos adolescentes, que poderia ajudar a jovem empreendedora. Uma pesquisa semelhante pode ser realizada pelos estudantes, adaptada aos objetivos de cada um com seu projeto de vida e replicada com colegas da escola ou na comunidade onde vivem.

SUGESTÃO DE ORGANIZAÇÃO DE UMA PESQUISA ESTATÍSTICA QUANTITATIVA E/OU QUALITATIVA

Pesquisa estatística: a saúde dos adolescentes

Etapas	Estudantes	Professor
Definição do escopo da pesquisa	• Organizam-se em grupos e definem os objetivos da pesquisa: os problemas que pretendem detectar e analisar. Observação: dentro do tema da pesquisa é possível abordar diversos subtemas, como atividade física, hábitos de sono, alimentação, saúde mental etc. • Definem o público a ser pesquisado: colegas de turma, outros estudantes da escola ou moradores do bairro. Observação: a amostra deve ser representativa, ou seja, deve ser escolhida de forma estratégica para representar toda a população. • Estabelecem o tipo de pesquisa (quantitativa: baseada em quantidade de entrevistados, permitindo gerar dados estatísticos; e/ou qualitativa: baseada nas informações, permitindo descrever o fenômeno analisado) e os dados que pretendem coletar.	• Orienta os estudantes na definição dos objetivos da pesquisa, problematizando suas propostas e ajudando-os a levantar hipóteses.

Etapas	Estudantes	Professor
Planejamento da pesquisa	▪ Definem um cronograma para a pesquisa. Observação: é preciso considerar o tempo disponível para a realização de todo o trabalho, listar todas as tarefas que deverão ser cumpridas e estimar o tempo necessário para realização de cada etapa. ▪ Estabelecem as ferramentas que serão utilizadas na pesquisa, como formulários on-line (por exemplo, com o recurso do Google Forms) ou gravações de entrevistas com aplicativos de celular. ▪ Formulam as perguntas que serão feitas na pesquisa de acordo com os objetivos e as hipóteses levantadas na etapa anterior. Observação: levantar informações confiáveis sobre o tema em sites, jornais, revistas, pesquisas etc. contribui para a formulação das perguntas.	▪ Auxilia os estudantes a definir um cronograma de pesquisa. ▪ Orienta os estudantes na leitura das etapas e tira dúvidas para que eles estejam conscientes das atividades que serão realizadas e como serão organizadas. ▪ Pede exemplos de variáveis quantitativas e qualitativas que podem ser aplicadas na pesquisa. ▪ Estimula os estudantes a refletir sobre os dados que são importantes para a pesquisa e sobre os dados que seriam os mais adequados, considerando o tema e o tempo disponível.
Coleta de dados	▪ Realizam as entrevistas respeitando o cronograma estabelecido e assumindo uma atitude ética.	▪ Orienta a execução da pesquisa, desde o entendimento das perguntas até a postura e a imparcialidade nas entrevistas.
Organização e análise dos dados coletados	▪ Organizam os dados obtidos na pesquisa para que sejam analisados. Observação: caso haja perguntas abertas no questionário, é preciso organizar as respostas em grupos com características comuns. ▪ Analisam os resultados obtidos. ▪ Pensam em como os resultados da pesquisa serão divulgados, atendendo à etapa seguinte. ▪ Discutem os resultados para chegar a conclusões. Observação: o uso de uma planilha eletrônica como o Excel para a construção de tabelas e gráficos com os dados obtidos e para o cálculo de medidas de tendência central pode facilitar e dinamizar a manipulação dos dados, além das tabelas e dos gráficos gerados por meio de formulários eletrônicos, como o Google Forms.	▪ Explica a importância da categorização das respostas para a organização e análise desse conteúdo. ▪ Orienta a análise dos dados coletados de acordo com o objetivo da pesquisa. ▪ Explica que, com base na análise dos resultados, é possível encaminhar soluções para os problemas detectados, verificar se as hipóteses levantadas anteriormente foram confirmadas, entre outras ações, dependendo do objetivo da pesquisa. ▪ Auxilia na análise dos resultados, orientando para que não sejam feitas generalizações ou conclusões equivocadas. ▪ Propõe o uso de medidas de tendência central (média, moda e mediana) para compreender o perfil dos entrevistados.

Etapas	Estudantes	Professor
Elaboração de relatório	▪ Escrevem o relatório com base nas conclusões da etapa anterior. ▪ Definem como os resultados serão apresentados. <u>Observação</u>: tabelas e gráficos possibilitam a leitura e interpretação das informações de forma rápida e fácil, além de desenvolverem habilidades leitoras e matemáticas. ▪ Verificam se os objetivos definidos inicialmente foram alcançados. ▪ Relatam cada etapa executada. ▪ Inserem comentários e discussões acerca dos problemas levantados. <u>Observação</u>: o relatório poderá ser impresso ou digital.	▪ Auxilia na estruturação do relatório, destacando as informações relevantes. ▪ Faz uma leitura prévia dos relatórios, dando um retorno sobre pontos que podem ser ajustados e melhorados.
Apresentação das informações obtidas	▪ Determinam com o professor a data das apresentações em sala de aula e a data e o local para apresentar os resultados da pesquisa à comunidade escolar.	▪ Ajuda os estudantes a organizar a apresentação, incluindo: lista dos problemas e das hipóteses que instigaram a pesquisa; explicação da metodologia usada; apresentação do questionário; principais informações e conclusões do relatório; sugestões de ações para o enfrentamento dos problemas identificados inicialmente. ▪ Sugere formatos atrativos e eficientes de apresentação. ▪ Propõe a criação de recursos impressos (folheto e cartazes, por exemplo) ou digitais (blogs, podcasts, sites) que podem ajudar a comunidade escolar e o bairro em que vivem.

Figura 5 – Exemplo de como organizar uma pesquisa estatística com foco na saúde dos jovens.

É interessante que a avaliação individual e dos grupos seja feita ao longo de todo o processo. Após a finalização do trabalho, o professor deve orientar os estudantes a realizar uma autoavaliação para verificar se atingiram os objetivos propostos, se sentiram dificuldades durante alguma etapa, de que maneira enfrentaram os desafios e de que modo a atividade contribuiu para sua formação e, especialmente, como pode ajudá-los com seus projetos de vida. Independentemente do tema ou foco da pesquisa, essa estrutura pode ser aplicada a outras realidades, fazendo as adaptações necessárias.

Considerando a área de Matemática e suas Tecnologias, esse tipo de trabalho de Aprendizagem Baseada em Problemas está alinhado à habilidade EM13MAT202:

> Planejar e executar pesquisa amostral sobre questões relevantes, usando dados coletados diretamente ou em diferentes fontes, e comunicar os resultados por meio de relatório contendo gráficos e interpretação das medidas de tendência central e das medidas de dispersão (amplitude e desvio padrão), utilizando ou não recursos tecnológicos. (BRASIL, 2018, p. 534)

Além do foco nessa habilidade, o trabalho tomado aqui como exemplo explora o tema contemporâneo transversal "saúde" e favorece o desenvolvimento das Competências Gerais 4, 5, 7, 8, 9 e 10 da BNCC (BRASIL, 2018, p. 9-10) e das Competências Específicas 1, 2, 3 e 4 de Matemática e suas Tecnologias (BRASIL, 2018, p. 531) e proporciona um trabalho interdisciplinar com a área de Ciências da Natureza e suas Tecnologias, pois o tema e a abordagem permitem trabalhar as seguintes habilidades:

> (EM13CNT207): Identificar, analisar e discutir vulnerabilidades vinculadas às vivências e aos desafios contemporâneos aos quais as juventudes estão expostas, considerando os aspectos físico, psicoemocional e social, a fim de desenvolver e divulgar ações de prevenção e de promoção da saúde e do bem-estar. (BRASIL, 2018, p. 557)
>
> (EM13CNT301): Construir questões, elaborar hipóteses, previsões e estimativas, empregar instrumentos de medição e representar e interpretar modelos explicativos, dados e/ou resultados experimentais para construir, avaliar e justificar conclusões no enfrentamento de situações-problema sob uma perspectiva científica. (BRASIL, 2018, p. 559)

É interessante que, ao desenvolver o trabalho com os projetos de vida dos estudantes, o professor busque identificar de que Temas Contemporâneos Transversais, Competências, Habilidades e Áreas do Conhecimento cada projeto se aproxima, como forma de tornar ainda mais consciente a intenção pedagógica em que cada etapa do processo está pautada.

Uso de pesquisa estatística e de planilhas eletrônicas no projeto de vida

Suponhamos que a jovem empreendedora tenha realizado uma pesquisa estatística para conhecer o perfil das pessoas do bairro onde reside e tenha descoberto que, das 94 pessoas entrevistadas, 32 praticam atividade física, procuram consumir produtos orgânicos e têm interesse em comprá-los de pequenos produtores e recebê-los em casa semanalmente. Portanto, 34% dos entrevistados poderiam se tornar seus clientes. Se a amostra selecionada fosse significativa e o bairro tivesse 2.341 habitantes, poderíamos imaginar que aproximadamente 795 pessoas do bairro teriam interesse em se tornar clientes.

Como a idade dos entrevistados variou bastante, ela então decide agrupá-las em intervalos, o que possibilitaria uma análise mais imediata da distribuição de frequência. Para isso, ela decide usar uma planilha eletrônica.

A primeira coluna da planilha apresenta os intervalos das idades, de cinco em cinco anos, das 32 pessoas que teriam interesse no negócio que está sendo desenhado. A segunda coluna mostra a quantidade de pessoas dentro de cada intervalo, por exemplo: o intervalo [25, 30[tem o maior número de pessoas, nove.

	A	B
1	Idade	Frequência absoluta
2	[15, 20[	1
3	[20, 25[	6
4	[25, 30[	9
5	[30, 35[	8
6	[35, 40[	5
7	[40, 45[	2
8	[45, 50[	1
9	Total	32

Figura 6 – Planilha com intervalo das idades dos entrevistados em números absolutos.

Para calcular a frequência relativa correspondente a cada intervalo, seria preciso digitar na célula C2 a fórmula =B2/$B$9, que corresponde ao cálculo da razão entre os valores das células B2 e B9. Em seguida, para preencher os demais valores da coluna B, bastaria selecionar a célula C2 e arrastar a seleção até a célula C9. Nesses casos, pode-se formatar a célula para mostrar os valores em porcentagem.

	A	B	C
1	Idade	Frequência absoluta	Frequência relativa
2	[15, 20[	1	=B2/$B$9
3	[20, 25[	6	
4	[25, 30[	9	
5	[30, 35[	8	
6	[35, 40[	5	
7	[40, 45[	2	
8	[45, 50[	1	
9	Total	32	

Figura 7 – Exemplo de como calcular a fórmula para obtenção dos dados em percentual.

	A	B	C
	fx	=B2/$B$9	
1	Idade	Frequência absoluta	Frequência relativa
2	[15, 20[	1	3,13%
3	[20, 25[	6	18,75%
4	[25, 30[	9	28,13%
5	[30, 35[	8	25,00%
6	[35, 40[	5	15,63%
7	[40, 45[	2	6,25%
8	[45, 50[	1	3,13%
9	Total	32	100,00%

Figura 8 – Planilha com intervalo das idades dos entrevistados em porcentagem.

Com base na tabela obtida nesse exemplo, pode-se afirmar que 53,13% das pessoas, ou seja, mais da metade tem idade entre 25 e 35 anos. Portanto, pessoas dessa faixa etária poderiam ser consideradas o público-alvo da jovem empreendedora.

Uma análise de dados em tabela como essa está alinhada com a habilidade EM13MAT406:

> Construir e interpretar tabelas e gráficos de frequências com base em dados obtidos em pesquisas por amostras estatísticas, incluindo ou não o uso de softwares que inter-relacionem estatística, geometria e álgebra. (BRASIL, 2018, p. 546)

Além disso, favorece o desenvolvimento da Competência Geral 5 (BRASIL, 2018, p. 9) e das Competências Específicas 1 e 4 de Matemática e suas Tecnologias (BRASIL, 2018, p. 531).

Vale ressaltar que a planilha eletrônica ajuda a organizar e a agilizar o processo, mas ela não é imprescindível para o trabalho, pois todo o raciocínio realizado pela jovem empreendedora também poderia ser feito no papel com ou sem o auxílio de uma calculadora.

Além de estudar a variável "idade", seria possível analisar outras variáveis e dados obtidos com a pesquisa, de modo que, ao serem analisados, esses dados trouxessem mais informações sobre o perfil das pessoas do bairro. Saber, por exemplo, se as pessoas praticam atividade física pode ajudar a desenhar uma estratégia de marketing para atrair esse público. Ou, ainda, saber o que essas pessoas costumam consumir (frutas, verduras, laticínios etc.) diária ou semanalmente e a quantidade de cada tipo de alimento poderia guiar a busca e a seleção dos pequenos produtores que seriam envolvidos no negócio.

Cabe ao professor identificar em conjunto com os estudantes se uma planilha eletrônica pode auxiliá-los, e de que maneira, no desenvolvimento de seus projetos de vida. Há, ainda, outros softwares e ferramentas digitais, como o Trello (monitoramento e controle de processos) e o Miro (construção de fluxogramas), que podem agilizar etapas do projeto e valem ser colocados em análise.

O uso da planilha eletrônica pode agilizar na organização e na análise de dados de uma pesquisa, principalmente se a quantidade de dados for grande. Pode, ainda, auxiliar no cálculo de medidas estatísticas, na construção de gráficos e na análise de situações financeiras. Do mesmo modo, utilizar formulários digitais pode gerar planilhas e gráficos de forma automática, caso não se deseje focar na construção desses elementos.

O uso de planilhas eletrônicas em projetos de vida que envolvem recursos financeiros

Alguns projetos de vida envolvem recursos financeiros, e o estudo de situações hipotéticas como a apresentada aqui pode ajudar os estudantes a pensarem em seus investimentos, atuais ou futuros, para atingir um montante a médio ou longo prazo.

Suponha que a jovem empreendedora precise de uma verba inicial de R$ 24.000,00 para abrir a sua empresa e iniciar o seu negócio: criação do site, desenvolvimento da identidade visual, campanha de divulgação do negócio etc. Mas atualmente ela tem apenas R$ 6.400,00 investidos na poupança, com rendimento de 0,5% ao mês, e uma moto no valor de R$ 14.960,00.

O que ela pode fazer para juntar esse dinheiro? Quanto tempo será necessário para ela chegar à verba necessária?

Uma possível resposta apresentada pelos estudantes seria: vender a moto, tirar o dinheiro da poupança e aplicar o valor total, R$ 21.360,00, em um fundo de investimento até obter a quantia que precisa. E então os questionamentos continuam: considerando um fundo com rendimento de 0,8% ao mês, que cobra imposto de renda sobre o rendimento total no momento do saque, de acordo com o quadro abaixo, em quanto tempo ela obteria os R$ 24.000,00?

CONDIÇÕES DO FUNDO DE INVESTIMENTO	
Período	Imposto cobrado sobre o rendimento
até 180 dias	22,5%
de 181 dias a 360 dias	20,0%
de 361 dias a 720 dias	17,5%
a partir de 721 dias	15,0%

Figura 9 – Tabela com os percentuais de imposto de renda cobrado por fundos de investimento no momento do saque/resgate do dinheiro.

Entre as diferentes maneiras de se realizar esse cálculo e as ferramentas digitais disponíveis, o uso de uma planilha eletrônica mostra-se uma alternativa viável para agilizar os cálculos e acessível a grande parte dos estudantes.

Para calcular o montante da aplicação mês a mês, por exemplo, poderíamos considerar a coluna A do período (em mês) e a coluna B do montante (em reais). Partindo de R$ 21.360,00 na célula B2 e digitando na célula B3 a fórmula =21360*(1+0,008)^A3, obteríamos o montante de R$ 21.530,88 após um mês de aplicação. Para preencher a coluna B com os montantes ao fim de cada mês, bastaria selecionar a célula B3 e arrastar a seleção para baixo até o período desejado, como indicado nas imagens a seguir.

Passo 1.

	A	B	C
1	Período (mês)	Montante (R$)	
2	0	21.360,00	
3	1		
4	2		

Passo 2.

fx =21360*(1+0,008)^A3

	A	B	C
1	Período (mês)	Montante (R$)	
2	0	21.360,00	
3	1	=21360*(1+0,008)^A3	
4	2		

Passo 3.

	A	B	C
1	Período (mês)	Montante (R$)	
2	0	21.360,00	
3	1	21.530,88	
4	2		

Passo 4.

fx =21360*(1+0,008)^A19

	A	B
1	Período (mês)	Montante (R$)
2	0	21.360,00
3	1	21.530,88
4	2	21.703,13
5	3	21.876,75
6	4	22.051,77
7	5	22.228,18
8	6	22.406,01
9	7	22.765,94
10	8	22.948,06
11	9	23.131,65
12	10	23.316,70
13	11	23.503,23
14	12	23.691,26
15	13	23.880,79
16	14	24.071,84
17	15	24.264,41
18	16	24.458,53
19	17	24.654,19
20	18	24.851,43
21	19	25.050,24
	20	

Figura 10 – Sugestão de uso de planilha eletrônica para calcular o rendimento mensal do valor aplicado.

Com o auxílio da planilha eletrônica, é possível obter rapidamente os montantes correspondentes a cada período. Nesse exemplo, ao analisar a planilha, percebemos que após quinze meses o montante atingiria o valor de R$ 24.071,84. Mas o período de quinze meses e esse valor não seriam suficientes considerando-se o imposto cobrado sobre o rendimento. O período de quinze meses equivale a 450 dias, que pertence ao intervalo "de 361 a 720 dias" previsto do descritivo das condições do investimento. Portanto, o imposto seria de 17,5% sobre o rendimento de R$ 2.711,84, ou seja, R$ 474,57.

Ao descontar o imposto sobre o montante obtido após quinze meses, o valor líquido passaria a ser R$ 23.597,27, ou seja, insuficiente para a jovem iniciar o seu negócio. Logo, ela teria de esperar pelo menos mais três meses para resgatar seu investimento.

Ao desenvolver um raciocínio como esse em sala de aula, contemplar variações da situação inicial pode enriquecer a análise coletiva. Com esse intuito, é possível, por exemplo, mudar o valor da taxa, variar o montante inicial ou acrescentar uma renda fixa mensal para a jovem empreendedora, e, a cada variação, refazer a análise para se descobrir em quanto tempo o valor do investimento seria acumulado.

Essa proposta de análise de rendimentos está alinhada com as seguintes habilidades da BNCC da área de Matemática e suas Tecnologias:

> (EM13MAT203): Aplicar conceitos matemáticos no planejamento, na execução e na análise de ações envolvendo a utilização de aplicativos e a criação de planilhas (para o controle de orçamento familiar, simuladores de cálculos de juros simples e compostos, entre outros), para tomar decisões. [...]
> (EM13MAT304): Resolver e elaborar problemas com funções exponenciais nos quais seja necessário compreender e interpretar a variação das grandezas envolvidas, em contextos como o da Matemática Financeira, entre outros. (BRASIL, 2018, p. 534, 536)

Além disso, favorece o desenvolvimento da Competência Geral 5 (BRASIL, 2018, p. 9) e das Competências Específicas 3 e 4 da área de Matemática e suas Tecnologias (BRASIL, 2018, p. 531).

Partindo de um exemplo como esse, os estudantes podem avaliar a viabilidade financeira de seus projetos de vida, quando for o caso, e, se ainda não tiverem o recurso necessário, podem se organizar financeiramente pautando-se em parâmetros reais e viáveis. Nesse processo, é fundamental a orientação individualizada do professor, ajudando-os não só a identificar eventuais falhas no uso da planilha eletrônica, mas também para apresentar alternativas financeiras em que os alunos possam não ter pensado.

Do mesmo modo, a atividade pode instigar o professor a aplicar a análise de viabilidade financeira aos seus próprios projetos.

Considerações finais

A BNCC propõe que os estudantes desenvolvam, ao longo da Educação Básica e com a mediação do professor, competências e habilidades fundamentais para o enfrentamento de situações cotidianas, incluindo o planejamento e a realização de projetos. Na área de Matemática e suas Tecnologias, o foco nos processos de investigação, na construção de modelos e na resolução de problemas permite que os estudantes desenvolvam autonomia e aprendam a aplicar ferramentas matemáticas em diferentes contextos e de acordo com a necessidade.

O uso de metodologias ativas, por iniciativa do professor mediador, alinhado à realidade dos estudantes e da escola, favorece o desenvolvimento de competências e habilidades da BNCC imprescindíveis para o trabalho com projetos de vida. A Aprendizagem Baseada em Problemas é uma alternativa interessante para aplicar os conhecimentos matemáticos no desenvolvimento de um projeto de vida, dada a natureza da área e sua relação com o trabalho de resolução de problemas.

Analisar projetos de vida, sejam eles reais ou hipotéticos, como o explorado neste capítulo, pode ajudar os estudantes – e os docentes – a estabelecer relações e refletir sobre os próprios projetos. Um projeto de vida pode, portanto, ser encarado como um problema matemático a ser resolvido, e o professor pode utilizar a ABP como estratégia de trabalho, além dos pilares do pensamento computacional, a pesquisa estatística ou o uso de planilhas eletrônicas.

As propostas apresentadas neste capítulo são apenas e`xemplos de como a área de Matemática e suas Tecnologias pode contribuir com os projetos de vida dos jovens estudantes do Ensino Médio. Existem outras possibilidades. Portanto, espera-se que o professor tenha autonomia para avaliar e adequar, sempre que necessário, o trabalho de acordo com a realidade da sua turma.

Concluímos com uma reflexão de Machado (2006, p. 36):

> tanto quanto o ar e os alimentos são imprescindíveis para a manutenção da vida em sentido biológico, os projetos o são para a existência de uma vida plena, em sentido humano. Continuamente, os projetos nos alimentam, nos impulsionam para a frente, nos mantêm vivos.

Seu projeto de vida

A maioria dos projetos de vida sofre influências de aspectos financeiros e, em geral, esse é um dos principais fatores que levam à desmotivação em relação à construção e implementação de objetivos e metas para alcançá-los. A falta de conhecimentos na área de Matemática e suas Tecnologias pode inviabilizar grandes ideias e levar a frustrações pessoais e profissionais.

Por outro lado, o domínio dos saberes matemáticos pode ser a chave para o planejamento e a concretização de projetos. O conhecimento e a aplicação prática de noções como o pensamento computacional contribuem para a estruturação, subdivisão e solução de problemas; o uso de fluxogramas organiza pensamentos e processos relativos a ideias ou tomadas de decisão; a pesquisa estatística dá embasamento científico para o levantamento de dados e a análise racional de possibilidades, fugindo de "achismos"; e a organização e a tabulação de dados levantados na pesquisa em planilhas eletrônicas favorecem a execução de cálculos. Esses exemplos demonstrados no caso hipotético da aluna que desejava empreender no ramo de alimentos orgânicos retratam o quanto Matemática e suas Tecnologias são essenciais para a viabilização de um projeto de vida.

Para além de conceitos matemáticos a serem trabalhados em sala (seja por você, se for docente dessa área, seja de forma interdisciplinar com os colegas matemáticos), esses saberes constituem parte importante de uma reflexão sobre finanças pessoais e sobre o projeto de vida do próprio docente: de que forma esses conhecimentos são aplicados na "vida real", no dia a dia? Eles são a base da construção dos seus projetos pessoais, sociais e profissionais? Ao fazer o seu planejamento, você é coerente com esses conhecimentos?

E se, além da aplicação aos seus projetos pessoais, você divulgar esse saber de forma a contribuir para a sociedade? Que tal pensar em projetos sociais de educação financeira utilizando esse e outros exemplos de aplicação da Matemática a projetos de vida de jovens e adultos?

Excedendo o exercício da atividade docente, em quais outras dimensões do seu projeto de vida você pode aplicar seus conhecimentos matemáticos?

Pense em quais problemas da sua vida poderiam ser ao menos parcialmente solucionados subdividindo-os em partes menores, organizando um fluxograma de ações e possíveis encaminhamentos e pesquisando e organizando informações de diferentes tipos.

Independentemente de você ser um docente da área de Matemática ou não, está claro que ter conhecimentos em resolução de problemas e planejamento financeiro contribui para a concretização de projetos de vida de qualquer natureza. Não basta ter projetos, é preciso ter ferramentas e saberes para concretizá-los e, assim, caminhar em direção ao seu propósito.

Referências

ARAÚJO, Ulisses Ferreira de; ARANTES, Valéria; PINHEIRO, Viviane. *Projetos de vida*: fundamentos psicológicos, éticos e práticas educacionais. São Paulo: Summus, 2020.

BACICH, Lilian; MORAN, José (org.). *Metodologias ativas para uma educação inovadora*: uma abordagem teórico-prática. Porto Alegre: Penso, 2018.

BRACKMANN, Christian Puhlmann. *Desenvolvimento do pensamento computacional através de atividades desplugadas na Educação Básica*. 2017. Tese (Doutorado em Informática na Educação) – Universidade Federal do Rio Grande do Sul, Porto Alegre, 2017. Disponível em: https://www.lume.ufrgs.br/handle/10183/172208. Acesso em: 18 jul. 2021.

BRASIL. *Base Nacional Comum Curricular*. Brasília, DF: MEC, 2018.

_____. *Currículo de Referência em Tecnologia e Computação*: da Educação Infantil ao Ensino Fundamental. São Paulo: CIEB, 2019a.

_____. *Diretrizes Curriculares Nacionais Gerais da Educação Básica*. Brasília, DF: MEC, 2013.

_____. *Temas contemporâneos transversais na BNCC*: contexto histórico e pressupostos pedagógicos. Brasília, DF: MEC, 2019b. Disponível em: https://observatoriogeohistoria.net.br/wp-content/uploads/2019/11/contextualizacao_temas_contemporaneos.pdf. Acesso em: 13 mar. 2023.

DAMON, William. *O que o jovem quer da vida?*: como pais e professores podem orientar e motivar os adolescentes. São Paulo: Summus, 2009.

MACHADO, Nilson José. *Educação*: projetos e valores. São Paulo: Escrituras, 2006.

SOUZA, Carlos Alberto de; MORALES, Ofelia Elisa Torres (org.). *Convergências midiáticas, educação e cidadania*: aproximações jovens. Ponta Grossa: UEPG, 2015.

VALENTE, José Armando. Integração do pensamento computacional no currículo da Educação Básica: diferentes estratégias usadas e questões de formação de professores e avaliação do aluno. *Revista e-Curriculum*, São Paulo, v. 14, n. 3, p. 864-897, 2016. Disponível em: https://revistas.pucsp.br/index.php/curriculum/article/view/29051/20655. Acesso em: 2 out. 2020.

WING, Jeannette. Pensamento computacional. *Revista Brasileira de Ensino de Ciência e Tecnologia*, Ponta Grossa, v. 9, n. 2, p. 1-10, 2016. Disponível em: https://periodicos.utfpr.edu.br/rbect/article/view/4711. Acesso em: 18 jul. 2021.

CAPÍTULO 8

CIÊNCIAS DA NATUREZA E SUAS TECNOLOGIAS E PROJETO DE VIDA

Beatriz Antoniassi

A princípio, não parece muito fácil estabelecer relações entre Projeto de Vida e Ciências da Natureza e suas Tecnologias (CNT). Podemos sentir certa insegurança em trabalhá-los conjuntamente, principalmente se nossa formação não for nessa área, que é vista como muito específica e complexa. No entanto, ao nos determos nas Competências Gerais, nas Competências Específicas e nas Habilidades da Base Nacional Comum Curricular de CNT e nos Temas Contemporâneos Transversais (TCT), tais como a inovação (TCT Ciência e Tecnologia) e a sustentabilidade (TCT Meio Ambiente: Educação Ambiental e Educação para o Consumo), encontramos diversos conteúdos que abrem diálogos para todas as dimensões do Projeto de Vida, em especial para a pessoal e a social, alinhados às demandas globais e locais do século XXI.

Seja você docente dessa área que irá ministrar aulas de Projeto de Vida ou docente de outra área que irá ministrar conteúdos de Ciências da Natureza dentro do escopo de PV, verá que as diversas questões ambientais e tecnológicas que nos rodeiam são portas intra, inter e transdisciplinares para abordar questões cidadãs pertinentes a qualquer projeto de vida, independentemente da carreira que o aluno pretenda seguir. Do mesmo modo, questões relacionadas a saúde e bem-estar também permitem diversas conexões com a criação de projetos de vida, em especial nas dimensões pessoal e social.

Em minha experiência com alunos do Ensino Médio e universitário, pude constatar como os jovens têm predisposição para se engajar em pautas relacionadas a meio ambiente e sustentabilidade e que o envolvimento de toda a comunidade escolar (alunos, professores, gestores, funcionários administrativos, agentes escolares, terceirizados, entre outros) contribui para a efetividade de ações que impactam a vida de todos, direta ou indiretamente.

Uma das possibilidades de intervenção e construção de projetos de vida a partir dos saberes das CNT é analisar a Agenda 2030 da Organização das Nações Unidas (ONU) e seus 17 Objetivos de Desenvolvimento Sustentável (ODS):

Figura 1 – 17 Objetivos de Desenvolvimento Sustentável da ONU.

Essa agenda é um plano de ação para as pessoas, para o planeta e para a prosperidade, pactuado entre o Brasil e 192 países, e possui 169 metas a serem atingidas até o ano de 2030 em áreas de importância crucial para a humanidade. Essas 169 metas estão relacionadas aos 17 ODS, que são integrados e indivisíveis, e equilibram as três dimensões do desenvolvimento sustentável: a econômica, a social e a ambiental.

Dentre esses objetivos, propomos analisar e apresentar propostas de trabalho para o desenvolvimento do Projeto de Vida utilizando o ODS 12: Consumo e Produção Responsáveis, e o ODS 9: Indústria, Inovação e Infraestrutura, que, de forma integrada, abordam questões pessoais e atitudinais e seus impactos nas relações sociais e profissionais.

Com o ODS 12 é possível propor questionamentos sobre a atitude dos alunos, motivando-os a refletir sobre seus comportamentos e hábitos de consumo no âmbito da dimensão pessoal de PV. Já com o ODS 9, podemos levá-los a analisar de forma crítica como é o processo de produção industrial dos itens que consomem e de que maneira podem influenciá-lo positivamente por meio das suas atitudes e de inovação, trabalhando, dessa forma, com a dimensão social de Projeto de Vida e, inclusive, despertando uma possibilidade laboral para a dimensão profissional.

Para além de abordar conteúdos e temáticas de CNT, o trabalho com os ODS contribui para "estimular atitudes cooperativas e propositivas para o enfrentamento dos desafios da comunidade, do mundo do trabalho e da sociedade em geral, alicerçadas no conhecimento e na inovação" (BRASIL, 2018, p. 465).

A seguir, vamos conhecer um pouco mais sobre os ODS 9 e 12 e suas relações com a BNCC e com PV, apresentando sugestões tanto para os jovens quanto para os docentes incorporarem atitudes e reflexões às suas vidas e aos seus projetos para ela.

CNT, ODS 12 e Projeto de Vida

O Objetivo 12: Consumo e Produção Responsáveis discute padrões de produção e de consumo sustentáveis, com ênfase em ações globais e locais, como alcançar o uso eficiente de recursos naturais, reduzir o desperdício de alimentos, assegurar conscientização para que os estilos de vida adotados estejam em harmonia com a natureza, entre outras pautas.

Como forma de acelerar a transição para o consumo e produção sustentáveis propostos por esse ODS e facilitar sua interpretação na área de CNT e a elaboração do projeto de vida, iremos utilizar o Quadro Decenal de Programas sobre Consumo e Produção Sustentáveis 10YFP (sigla em inglês referente a *10-Year Framework Programmes on Sustainable Consumption and Production Patterns*). Esse quadro foi elaborado pelos chefes de Estado na Conferência das Nações Unidas sobre Desenvolvimento Sustentável Rio+20, em 2012.

O Programa 10YFP foi dividido em cinco itens: 1) Programa Compras Públicas Sustentáveis; 2) Informações ao Consumidor; 3) Turismo Sustentável; 4) Estilos de Vida Sustentáveis e Educação; 5) Edificações e Construções Sustentáveis e Sistemas Sustentáveis de Alimentação.

A partir do ODS 12 e desses itens do Programa 10YFP, é possível pensar em ações que possam ser desenvolvidas no âmbito do PV que envolvam as dimensões pessoal, social e profissional, ou seja, podemos desenvolver projetos de vida que se transformam em práticas, em modos de vida sustentável no presente e no futuro.

A fim de exemplificar as atividades que podem ser desenvolvidas com os estudantes na construção do Projeto de Vida, exploraremos o item Estilos de Vida Sustentáveis e Educação, que tem por objetivo apoiar o desenvolvimento de infraestruturas eficientes, ações e escolhas individuais que minimizem a utilização de recursos naturais, emissões de poluentes e resíduos, apoiando simultaneamente um desenvolvimento socioeconômico equitativo e uma melhor qualidade de vida para todos.

Para auxiliar no desenvolvimento da atividade, utilizaremos cinco áreas principais nas quais qualquer pessoa, em qualquer lugar, pode atuar para gerar um impacto positivo no seu estilo de vida e em questões ambientais e sociais. São elas: Alimentos; Bens Materiais; Movimento; Dinheiro; e Diversão. Essas áreas são abordadas na proposta da Anatomia da Ação,[1] difundida no Brasil em parceria com o Instituto Akatu, uma organização sem fins lucrativos dedicada à educação para o consumo consciente e a sustentabilidade.

Cada área é indicada por um dedo da mão, por isso o nome Anatomia da Ação. Consiste, portanto, em um conjunto de cinco ações para promover um estilo de vida sustentável que se alinha a qualquer projeto de vida, independentemente dos objetivos estabelecidos. Essas ações se organizam em três itens e seus desdobramentos, como indicado a seguir.

---

1 A Anatomia da Ação (*Anatomy of Action*) é um projeto desenvolvido através da ONU Meio Ambiente, em parceria com o Programa de Estilos de Vida e Educação Sustentáveis (coliderado pelo Stockholm Environment Institute) e a UnSchool of Disruptive Design. Trata-se de "um recurso on-line que apresenta práticas para ajudar os indivíduos a agir e desenvolver estilos de vida sustentáveis", contribuindo para o cumprimento dos ODS. Pode ser consultada em: https://anatomyofaction.org/ e https://akatu.org.br/junte-se-ao-movimento-global-por-estilos-de-vida-sustentaveis/ (Acesso em: 13 mar. 2023). A campanha #Anatomyofaction foi lançada pela Unesco, em um evento em Paris no dia 12 de setembro de 2019.

BENS MATERIAIS

- Desacelere a moda
- Reduza seu consumo
- Compartilhe, troque produtos ou serviços
- Dispense os descartáveis
- Adquira produtos sustentáveis

MOVIMENTO

- Invista no transporte limpo
- Compartilhe uma carona
- Planeje rotas com distâncias mais curtas
- Mantenha-se ativo
- Apoie projetos de preservação urbana

ALIMENTOS

- Use o alimento integralmente
- Cozinhe em casa frequentemente
- Substitua proteína animal por mais proteínas vegetais
- Cultive seu próprio alimento
- Incentive produtos locais

DINHEIRO

- Invista conscientemente
- Desinvista em combustíveis fósseis
- Instale placas solares
- Use lâmpadas de LED
- Escolha bens e serviços produzidos de forma sustentável

DIVERSÃO

- Visite menos lugares, fique por mais tempo
- Escolha experiências que agreguem valor a sua vida
- Passe mais tempo na natureza
- Considere viagens e atrações perto de casa
- Matenha-se positivo

Figura 2 – Anatomia da Ação, em que cada área é indicada por um dedo na mão.

ALIMENTOS

- Use o alimento integralmente.
- Substitua as proteínas animais pelas vegetais.
- Cultive seu próprio alimento.

Ações: cozinhe em casa frequentemente; incentive produtores locais; compartilhe sobras de alimentos em bom estado; estenda a duração dos alimentos com conservas e refrigeração etc.

BENS MATERIAIS

- Pense além da compra.
- Desacelere a moda.
- Dispense os descartáveis.

Ações: reduza o consumo; compartilhe ou troque produtos e serviços; adquira produtos com refis e/ou recicláveis; procure garantias estendidas e produtos reparáveis; compre produtos de segunda mão, questione as marcas das quais você compra sobre sua política de sustentabilidade etc.

MOVIMENTO

- Mantenha-se ativo.
- Compartilhe uma carona.
- Invista no transporte limpo.

Ações: planeje rotas com distâncias mais curtas; pedale ou caminhe para reduzir o impacto ambiental e promover a sua saúde; utilize patinetes, *bike* ou carros compartilhados; apoie projetos de preservação urbana como espaço públicos verdes; procure opções flexíveis para reduzir deslocamentos, como trabalhar/estudar de casa, fazer videoconferências, evitar horários de pico para se locomover etc.

DINHEIRO

- Invista conscientemente.
- Desinvista em combustíveis fósseis.
- Torne sua casa energeticamente sustentável.

Ações: use lâmpadas de LED; instale placas solares; procure fornecedores de energia renovável; envolva-se em causas sustentáveis; aproveite a luz solar; tome banhos curtos etc.

DIVERSÃO

- Escolha experiências.
- Permaneça curioso.

- Aproveite o passeio.

    Ações: faça atividades e compras turísticas que tenham impacto positivo; visite menos lugares, fique por mais tempo; esteja em contato com a natureza; fomente uma mentalidade aberta; aprenda coisas novas com educação formal ou informal; escolha experiências que agreguem valor à sua vida; passe tempo com pessoas que se importam com você e lhe façam sorrir etc.

Com base nesse referencial, apresentaremos propostas de abordagem das cinco áreas da Anatomia da Ação que façam os estudantes pensarem sua ação individual (dimensão pessoal de seus projetos de vida) – e, por que não, também na nossa ação como educadores? –, em como nossas ações impactam o coletivo (dimensão social de PV) e, ainda, em um projeto de aplicação dessas áreas em uma futura carreira (dimensão profissional de PV), relacionando essas sugestões de ações às habilidades da BNCC. Independentemente de as escolhas profissionais dos estudantes estarem relacionadas à área de Ciências da Natureza e suas Tecnologias, a atitude cidadã responsável deve fazer parte dos valores e ações de qualquer cidadão e profissional e, por isso, deve ser fomentada na escola tanto em CNT quanto em Projeto de Vida.

Você pode orientar os alunos a criarem objetivos em seus projetos de vida com base nas reflexões e ideias propostas nas dimensões de cada área abordada a seguir. As atitudes sugeridas podem se tornar hábitos socialmente responsáveis que, por sua vez, podem impactar a futura atuação profissional dos jovens.

A criação de objetivos alinhados a essa proposta também pode se aplicar a você, professor, ao criar ou atualizar seu PV.

ÁREA 1: ALIMENTOS

- **Dimensão pessoal:** pense nos seus hábitos alimentares, na sua relação com o consumo dos alimentos e na sua ação como cidadão em relação a eles, principalmente em relação ao desperdício. Incentive atitudes sustentáveis, como a compostagem, por exemplo.

Habilidade da BNCC: (EM13CNT310), que aborda produção de alimentos e identificação de necessidades locais e/ou regionais em relação a esses serviços, além de melhoria na qualidade de vida e nas condições de saúde da população.

- **Dimensão social:** reflita sobre como é a produção e a distribuição de alimentos na sua região, se há incentivos e valorização pelos órgãos oficiais e pela população quanto ao consumo de alimentos de produtores e mercados locais. Vá além: promova uma conscientização coletiva com campanhas informativas e proponha uma horta comunitária (que pode ser adubada a partir do produto obtido da compostagem) como parte do desenvolvimento das ações sociais e que envolvam as pessoas do seu entorno.
Habilidade da BNCC: (EM13CNT101), que aborda o desenvolvimento sustentável e o uso consciente dos recursos naturais.

- **Dimensão profissional:** crie modelos de negócios sustentáveis e colaborativos ou mesmo uma ONG na qual seja possível gerar empregos e rendimentos a partir da venda dos alimentos produzidos na horta comunitária ou trocá-los por materiais recicláveis, que podem ser comercializados e gerar dividendos em prol do negócio ou dos projetos da comunidade.
Habilidade da BNCC: (EM13CNT302), que trata de comunicar, para públicos variados, os resultados de atividades e participar e/ou promover debates em torno de temas científicos e/ou tecnológicos de relevância sociocultural e ambiental.

ÁREA 2: BENS MATERIAIS

- **Dimensão pessoal:** analise seus hábitos de consumo em geral considerando os impactos causados em sua vida e no planeta devido ao excesso de descarte de produtos que foram adquiridos somente porque estavam na moda, por exemplo, e que foram utilizados poucas vezes. Não consuma itens descartáveis e incentive essa atitude.
Habilidade da BNCC: (EM13CNT104), que trata de usos e descartes responsáveis de materiais e produtos.

- **Dimensão social:** adote a prática de compartilhar e trocar produtos e serviços em vez de comprar novos. Apoie e incentive o comércio local.
  Habilidade da BNCC: (EM13CNT101), que trata de desenvolvimento sustentável e uso consciente dos recursos naturais.

- **Dimensão profissional:** você pode desenvolver, por exemplo, um negócio de produtos sustentáveis, com materiais biodegradáveis ou com processos de fabricação menos poluentes, como roupas, produtos de limpeza e higiene. Outra opção são os mercados a granel, que evitam o uso de embalagens e descartáveis, ou os de produtos de segunda mão, como os brechós. Esses ramos de atividade comercial têm muito potencial e já se posicionam como tendências para a próxima década. Mesmo que não crie negócios como esses, é possível conhecer seu funcionamento e seu impacto positivo no entorno e nos hábitos de consumo da população, relacionando suas práticas sustentáveis com o PV profissional dos alunos.
  Habilidade da BNCC: (EM13CNT307), que aborda as propriedades dos materiais e seu uso.

ÁREA 3: MOVIMENTO

- **Dimensão pessoal:** olhe para si e analise o quanto você se mantém em movimento e/ou o quanto a sua rotina o afasta do seu objetivo de se manter ativo. Manter-se em movimento é uma das formas de evitar a obesidade e reduzir o risco de uma série de doenças. Troque trajetos curtos de carro por pedalar ou caminhar.
  Habilidade da BNCC: (EM13CNT306), que trata de avaliar os riscos envolvidos em atividades cotidianas, aplicando conhecimentos das Ciências da Natureza, para justificar o uso de equipamentos e recursos, visando à integridade física, individual, coletiva e socioambiental.

- **Dimensão social:** compartilhe uma carona, utilize o transporte público ou meios alternativos, use espaços públicos verdes para apoiar projetos de preservação urbana. Essas são formas de contribuir com a sociedade na redução da emissão de poluentes e, assim, promover ações que me-

lhorem a sua qualidade de vida e as condições de saúde da população em geral.
Habilidade da BNCC: (EM13CNT206), que trata de avaliar os efeitos da ação humana e das políticas ambientais.

- **Dimensão profissional:** conheça setores relacionados com infraestrutura e mobilidade urbana. Muitas oportunidades de negócio têm surgido visando a oferta e o consumo sustentável desses serviços.
Habilidade da BNCC: (EM13CNT310), que trata de investigar e analisar os efeitos de programas de infraestrutura.

ÁREA 4: DINHEIRO

- **Dimensão pessoal:** analise suas ações em relação ao consumo de água e energia elétrica e formas de economizar com pequenas atitudes. Essas economias podem ajudá-lo a gerenciar sua vida financeira pensando no presente e no futuro.
Habilidade da BNCC: (EM13CNT308), que trata de avaliar os impactos sociais, culturais e ambientais de equipamentos elétricos e/ou eletrônicos e de sistemas de automação.

- **Dimensão social:** invista na conscientização da sociedade, em projetos e ações que ajudem sua comunidade a aprender a economizar água e energia elétrica, por exemplo. Você também pode organizar campanhas para ensiná-la a utilizar o dinheiro de maneira sustentável e com responsabilidade, em especial o que é gasto com serviços básicos.
Habilidade da BNCC: (EM13CNT106), que aborda as demandas que envolvem geração, transporte, distribuição e consumo de energia elétrica.

- **Dimensão profissional:** pesquise, estude, faça cursos sobre economia doméstica e investimentos. Considere diversos negócios relacionados com o uso consciente de recursos, como a construção de um reservatório para coletar água da chuva e o desenvolvimento de projetos de sistemas fotovoltaicos.
Habilidade da BNCC: (EM13CNT309), que trata de recursos não renováveis.

ÁREA 5: DIVERSÃO

- **Dimensão pessoal:** avalie se suas atividades de lazer ou turísticas têm um impacto positivo na sua vida e no entorno. Por exemplo, escolha passeios próximos à sua casa; visite menos lugares, passe mais tempo em cada um; aproveite para conhecer a cultura do local.
Habilidade da BNCC: (EM13CNT302), que aborda a relevância sociocultural e ambiental de temas científicos e/ou tecnológicos.

- **Dimensão social:** ajude sua comunidade na construção de um espaço de diversão comunitário, com atividades sustentáveis relacionadas à natureza e espaços de lazer ao ar livre, esportes etc. Você também pode discutir sobre como interage com os espaços de lazer existentes na sua região: quais atividades realiza, se elas geram impacto no entorno e quais os benefícios para o seu bem-estar e o da sua comunidade.
Habilidade da BNCC: (EM13CNT207), que trata de desenvolver e divulgar ações de prevenção e de promoção da saúde e do bem-estar.

- **Dimensão profissional:** utilize e/ou desenvolva sites, aplicativos ou perfis em redes sociais que ajudem os usuários a fazer escolhas mais sustentáveis ou trabalhe com turismo sustentável.
Habilidade da BNCC: (EM13CNT310), que trata de analisar os efeitos de programas de infraestrutura e/ou promover ações que contribuam para a melhoria na qualidade de vida e nas condições de saúde da população.

Com base nas ações sugeridas para cada dimensão, é possível ver como um projeto de vida pessoal e social integrado à consciência socioambiental é viável e aplicável em âmbitos cotidianos, como consumo de alimentos e de bens materiais, movimento, relação com o dinheiro e opções de lazer/diversão.

As sugestões de atuação profissional relacionadas com os negócios ambientais são referências de como o setor está em expansão e pode se alinhar aos propósitos dos jovens que optarem por seguir carreiras na área de CNT. Ele também pode promover reflexões em alunos que não visem trabalhar nessa área, levando-os a analisar se seus projetos de vida são sustentáveis em todas as dimensões.

Essa proposta reitera que o professor da área de Ciências da Natureza e suas Tecnologias trabalha com a construção de saberes e atitudes que são altamente relevantes para a elaboração do projeto de vida dos estudantes e que pode estabelecer relações entre eles e todas as dimensões do PV, mostrando quanto a cidadania está diretamente relacionada com uma atitude consciente sobre os recursos ambientais, o seu uso e o bem-estar coletivo.

Seja qual for o projeto de vida profissional dos alunos, entre seus projetos pessoais e sociais é desejável que esteja a contribuição para uma sociedade sustentável, alinhada à Competência Geral 10 da BNCC (BRASIL, 2018, p. 10), que trata da responsabilidade de agir pessoal e coletivamente tomando decisões com base em princípios éticos, democráticos, inclusivos, sustentáveis e solidários.

CNT, ODS 9 e Projeto de Vida

A partir do conhecimento do ODS 12 sobre como o estilo de vida influencia nossa tomada de decisão quanto aos produtos que consumimos, sejam eles escolhidos por preferências ou por recursos financeiros, podemos agora refletir sobre como nossas decisões de consumo podem ter impacto no meio ambiente, na economia e na sociedade. Você já parou para pensar de onde vêm os produtos que consome? E que é preciso encorajar empresas a adotar políticas de sustentabilidade e responsabilidade social corporativa?

Essas reflexões alinham-se ao ODS 9: Indústria, Inovação e Infraestrutura, que pode ser utilizado como referencial para um trabalho de desenho de projeto de vida sustentável e que promova impacto positivo não só para si, mas também para o outro (DAMON, 2009, p. 53).

O ODS 9 objetiva construir infraestrutura resiliente, promover a industrialização inclusiva e sustentável e fomentar a inovação.

Dentro desse objetivo podemos abordar todas as habilidades da BNCC descritas na área das Ciências da Natureza e suas Tecnologias, com base na diversidade de conhecimentos que podemos explorar por meio da análise das metas e dos indicadores a elas associados.

Também podemos pensar em ações a serem desenvolvidas no âmbito do Projeto de Vida que envolvam as dimensões pessoal, social e profissional, e que elas se inter-relacionem com as propostas apresentadas anteriormente com o ODS 12 utilizando a Anatomia da Ação.

Enquanto o ODS 12 nos faz refletir sobre nossas ações e escolhas, ou seja, se relaciona com uma atitude pessoal, o ODS 9 diz respeito às indústrias e ao governo, isto é, se refere a uma atitude ativa e questionadora em relação ao entorno, demandando consciência das nossas ações para então exigir mudanças nos demais setores da economia e da sociedade.

No primeiro momento, quando analisamos o ODS 9, ele pode parecer distante de Projeto de Vida, de como pensar e projetar nossas ações em setores como indústria, inovação e infraestrutura; no entanto, trata-se de uma consequência das nossas escolhas, ou seja, não teria sentido projetar a vida sem considerar os objetivos do ODS 9. Dessa forma, apresentamos propostas de ação das dimensões pessoal, social e profissional para auxiliar na construção de projetos de vida responsáveis, que atuem para o bem comum.

As vivências propostas nessa atividade visam levar alunos e professores a analisarem seu posicionamento como indivíduos e como cidadãos e os impactos dos seus comportamentos em todas as dimensões do seu projeto de vida.

ÁREA 1: INDÚSTRIA

- **Dimensão pessoal:** reduza o desperdício de alimentos e bens materiais (por exemplo, consumindo alimentos menos processados e/ou produtos com menos embalagens), como proposto no ODS 12. Com isso você auxilia, mesmo que indiretamente, na redução dos estoques de uma empresa e consequentemente na redução dos desperdícios no processo produtivo. Você também pode rastrear o ciclo de produção de um produto por meio de QR Codes nas embalagens, ou participar de compras coletivas ou em atacado, que reduzem o número de embalagens.
  Habilidade da BNCC: (EM13CNT307), que trata de analisar e/ou propor soluções seguras e sustentáveis considerando seu contexto local e cotidiano.

- **Dimensão social:** invista na conscientização da sociedade para que ela exija das empresas ações de impacto social e ambiental; promova uma conscientização coletiva com campanhas informativas sobre empresas que estão alinhadas ao pacto da Agenda 2030; apoie e incentive empresas locais.

Habilidade da BNCC: (EM13CNT302), que trata de comunicar, para públicos variados, e de participar de e/ou promover debates em torno de temas científicos e/ou tecnológicos de relevância sociocultural e ambiental.

- **Dimensão profissional:** estude, aprofunde seus conhecimentos e atue na indústria como um profissional que promove a mudança e a conscientização do setor industrial ou empreenda e crie uma empresa que tenha como foco as questões sociais e ambientais. Mesmo sem atuar em uma empresa da área de CNT, é importante avaliar quais ações relacionadas à sua atividade profissional podem contribuir para tornar as práticas industriais mais sustentáveis.
Habilidade da BNCC: (EM13CNT306), que trata da aplicação de conhecimentos das Ciências da Natureza visando à integridade física, individual, coletiva e socioambiental.

ÁREA 2: INOVAÇÃO

- **Dimensão pessoal:** seja criativo, participe de gincanas e feiras de ciência e inovação; se já estiver inserido no mercado de trabalho, busque inovar os processos da empresa e automatizar a gestão e a produção.
Habilidade da BNCC: (EM13CNT301), que discute como representar e interpretar modelos explicativos, dados e/ou resultados experimentais no enfrentamento de situações-problema de uma perspectiva científica.

- **Dimensão social:** promova gincanas e feiras de ciência e inovação junto à sua comunidade escolar; busque parcerias para a inclusão digital da população; estimule e realize atividades que visem despertar a curiosidade e a criatividade das crianças da sua comunidade.
Habilidade da BNCC: (EM13CNT302), que visa a participar e/ou promover debates em torno de temas científicos e/ou tecnológicos de relevância sociocultural e ambiental.

- **Dimensão profissional:** estimule o uso de aplicativos como mensageria instantânea para fomentar a inovação e a produtividade; inove nos processos da sua empresa ou da empresa em que trabalha.
Habilidade da BNCC: (EM13CNT102), que trata do apoio à construção dos protótipos.

ÁREA 3: INFRAESTRUTURA

- **Dimensão pessoal:** reflita sobre a realidade da região em que vive identificando de quais serviços e estruturas dispõe e como fazer melhor uso desse patrimônio público, ruas, avenidas, estradas, parques, academias ao ar livre etc.
  Habilidade da BNCC: (EM13CNT306), que avalia os riscos envolvidos em atividades cotidianas, para justificar o uso de equipamentos e recursos.

- **Dimensão social:** busque investimento da iniciativa privada em infraestrutura; realize campanhas de conscientização sobre o uso de bens públicos.
  Habilidade da BNCC: (EM13CNT310), que trata da análise dos efeitos de programas de infraestrutura na melhoria na qualidade de vida e nas condições de saúde da população.

- **Dimensão profissional:** o setor de serviços relacionados à infraestrutura, saneamento, energia elétrica, transporte e telecomunicações está em expansão, assim como os demais negócios que avaliam os efeitos da ação humana e das políticas ambientais para a garantia da sustentabilidade do planeta. Informe-se sobre essas áreas e considere se há oportunidades de negócio nelas visando a oferta e o consumo sustentável desses serviços básicos.
  Habilidade da BNCC: (EM13CNT309), que trata da necessidade de introdução de alternativas e novas tecnologias energéticas e de materiais.

> **CONSCIENTIZAÇÃO**
>
> A formação integral dos alunos para a cidadania e para a vida perpassa diversas questões sociais e ambientais, do consumo à intervenção na produção de produtos, da sustentabilidade à inovação tecnológica, das pequenas atitudes à proposição de soluções para problemas locais e globais.
> Essa conscientização e as práticas relacionadas a ela impactam diretamente os projetos de vida dos jovens e dos adultos, pois pressupõem um compromisso consigo e com o outro no presente e no futuro, alinhado a todos os modos de vida e escolhas pessoais, sociais e profissionais.

Considerações finais

A construção do Projeto de Vida relacionado à área de Ciências da Natureza e suas Tecnologias vai muito além de analisar fenômenos naturais e processos tecnológicos: é possível propor ações individuais e coletivas que aperfeiçoem os processos produtivos, minimizem impactos socioambientais e melhorem as condições de vida pessoal e em âmbito local, regional e global.

Dessa forma, a construção do projeto de vida encontra suporte socioambiental e educacional nas habilidades de CNT da BNCC e nos Temas Contemporâneos Transversais, levando os estudantes – e os docentes – a reelaborarem seus próprios saberes, reconhecendo suas potencialidades e limitações, bem como a valorizarem a aplicação do conhecimento na vida pessoal, sendo protagonistas no enfrentamento das questões sociais e ambientais e no mundo do trabalho.

Seu projeto de vida

Como evidenciado no texto, a área de Ciências da Natureza e suas Tecnologias

> possibilita aos estudantes ampliar sua compreensão sobre a vida, o nosso planeta e o universo, bem como sua capacidade de refletir, argumentar, propor soluções e enfrentar desafios pessoais e coletivos, locais e globais. (BRASIL, 2018, p. 472)

Analisar os impactos de nossas ações, agir de forma consciente em relação ao entorno e ao meio ambiente em geral, identificar problemas coletivos e assumir uma postura propositiva no enfrentamento a questões socioambientais são apenas algumas das habilidades a serem desenvolvidas com os alunos por meio da aplicação dos saberes de CNT ao contexto de PV, em especial da sua dimensão social.

Ao desenvolver essas habilidades, contribui-se para o aprimoramento da Competência Geral 10:

> Agir pessoal e coletivamente com autonomia, responsabilidade, flexibilidade, resiliência e determinação, tomando decisões com

base em princípios éticos, democráticos, inclusivos, sustentáveis e solidários. (BRASIL, 2018, p. 9)

As tomadas de decisão são um dos principais pilares de Projeto de Vida e devem se basear nos critérios descritos, dos quais destacamos a sustentabilidade. Com base na publicação *Dimensões e desenvolvimento das Competências Gerais na BNCC* (2018),[2] os objetivos relacionados com essa competência previstos para serem alcançados ao final do Ensino Médio tratam de:

- Propor, implementar e avaliar soluções locais, regionais, nacionais e globais, tornando-se agente de mudança.
- Assumir uma liderança corresponsável em grupos, na escola e na comunidade, voltados para o bem comum.

O texto apresenta algumas propostas de como contemplar essa competência em sala de aula. No entanto, você, como docente e cidadão, pode dizer que também a desenvolve no seu projeto de vida? Você se considera um agente de mudança e assume alguma liderança no seu entorno?

Ao refletir sobre quais dessas subdimensões de Responsabilidade e Cidadania você de fato incorpora na sua vida, é possível estabelecer pautas para elaborar ou rever seu projeto de vida.

Como docente, em alguma medida você já é um agente de mudança e assume uma liderança, independentemente de qual componente leciona. No entanto, você mantém essa postura ativa fora dos limites das suas salas de aula? Pode afirmar que se engaja em causas nas quais incentiva seus alunos a se engajarem? Coloca em prática seus saberes na sua vivência pessoal e social, para além da dimensão profissional?

Ser um reflexo do que se ensina deveria ser, no mínimo, um compromisso. O propósito de um educador vai além de ser um mediador entre o aluno e o conhecimento; ele é também um exemplo e deve ter alinhados seu discurso, sua prática profissional e suas atitudes como cidadão.

---

2 Embora não se trate de um documento oficial, o material, desenvolvido pelo Movimento pela Base Nacional Comum e pelo Center for Curriculum Redesign, apresenta uma relevante proposta de progressão das competências, da Educação Infantil ao Ensino Médio, indicando como cada uma delas pode se desdobrar ao longo da aprendizagem.

Seja você profissional da área de CNT ou não, fica o convite à análise do impacto socioambiental do seu PV: seu estilo de vida pessoal é ecoeficiente? Para responder, considere desde a separação do lixo doméstico ao transporte em meios individuais ou coletivos. E que nota você daria para o seu grau de responsabilidade social e cidadão? E sua vida profissional: contribui para o engajamento da juventude? Você poderia afirmar que seu propósito tem como base princípios éticos, democráticos, inclusivos, sustentáveis e solidários, de acordo com a Competência 10 da BNCC (BRASIL, 2018, p. 9)?

Muitas outras questões podem ser feitas sobre seu PV a partir de critérios sociais, ambientais e cidadãos; faça-as e responda-as a si mesmo. A todo momento, aproveite o processo de construção de PV dos seus alunos para elaborar e/ou rever o seu. Sustentabilidade, Inovação e Projeto de Vida, tratados neste texto, não são apenas temáticas a serem ensinadas aos jovens, também devem ser aprendidas e vivenciadas com eles e individualmente.

Referências

AGENDA 2030. Disponível em: https://gtagenda2030.org.br/ods/. Acesso em: 9 maio 2024.

ANATOMY of Action. Disponível em: https://anatomyofaction.org/. Acesso em: 8 ago. 2021.

BRASIL. *Base Nacional Comum Curricular*. Brasília, DF: MEC, 2018a.

_____. *Diretrizes Curriculares Nacionais da Educação Básica*. Brasília, DF: MEC, 2013.

_____. *Guia de Implementação da Base Nacional Comum Curricular*: Orientações para o processo de implementação da BNCC. Brasília, DF: MEC, 2018b.

_____. Lei nº 9.795, de 27 de abril de 1999. Dispõe sobre a educação ambiental, institui a Política Nacional de Educação Ambiental e dá outras providências. *Diário Oficial da União*, Brasília, DF, 28 abr. 1999.

_____. Ministério da Educação. Resolução nº 2, de 15 de junho de 2012. Estabelece as Diretrizes Curriculares Nacionais para a Educação Ambiental. *Diário Oficial da União*, Brasília, DF, 18 jun. 2012.

_____. Ministério do Meio Ambiente e Mudança do Clima. Disponível em: https://www.gov.br/mma/pt-br. Acesso em: 9 maio 2024.

_____. *Parâmetros Curriculares Nacionais*: apresentação dos Temas Contemporâneos Transversais. Brasília, DF: MEC 1997.

DAMON, William. *O que o jovem quer da vida?*: como pais e professores podem orientar e motivar os adolescentes. São Paulo: Summus, 2009.

INSTITUTO AKATU. *Junte-se ao movimento global por estilos de vida sustentáveis*. Disponível em: https://akatu.org.br/junte-se-ao-movimento-global-por-estilos-de-vida-sustentaveis/. Acesso em: 3 out. 2021.

IPEA. Objetivos de Desenvolvimento Sustentável. Disponível em: https://www.ipea.gov.br/ods/index.html. Acesso em: 9 maio 2024.

MOVIMENTO PELA BASE NACIONAL COMUM; CENTER FOR CURRICULUM REDESIGN. *Dimensões e desenvolvimento das Competências Gerais na BNCC*. 2018. Disponível em: http://bit.ly/32zzaEQ. Acesso em: 1º out. 2021.

ORGANIZAÇÃO DAS NAÇÕES UNIDAS. *17 objetivos e suas metas*. Disponível em: https://nacoesunidas.org/pos2015/agenda2030/. Acesso em: 18 jun. 2021.

_____. *Contribuição do Brasil para a Agenda 2030*. Disponível em: https://brasil.un.org/pt-br/about/about-the-un. Acesso em: 18 jun. 2021.

_____. *ODS*: Objetivos e indicadores. Disponível em: https://brasil.un.org/pt-br. Acesso em: 9 maio 2024.

UNEP. *10YFP*: 10 Year Framework of Programmes on Sustainable Consumption and Production Patterns. Disponível em: https://www.unep.org/explore-topics/resource-efficiency/what-we-do/one-planet-network/10yfp-10-year-framework-programmes. Acesso em: 3 jul. 2021.

CAPÍTULO 9

CIÊNCIAS HUMANAS E SOCIAIS APLICADAS E PROJETO DE VIDA

Jairo César Alves

A Área do Conhecimento Ciências Humanas e Sociais Aplicadas (CHS) possui relação direta com Projeto de Vida devido ao seu foco na formação ética dos alunos. Segundo a BNCC, essa área deve centrar suas práticas pedagógicas em noções de "justiça, solidariedade, autonomia, liberdade de pensamento e de escolha" que visam desenvolver nos alunos "a compreensão e o reconhecimento das diferenças, o respeito aos direitos humanos e à interculturalidade, e o combate aos preconceitos de qualquer natureza" (BRASIL, 2018, p. 561).

Essa relação entre CHS e PV se torna ainda mais evidente quando se analisa a proposta da BNCC para a área no Ensino Médio: desenvolver nos alunos

> a capacidade de estabelecer diálogos – entre indivíduos, grupos sociais e cidadãos de diversas nacionalidades, saberes e culturas distintas –, elemento essencial para a aceitação da alteridade e a adoção de uma conduta ética em sociedade. (BRASIL, 2018, p. 561)

Projeto de Vida é a área por excelência de acolhimento das juventudes, de formação integral, de desenvolvimento de identidade individual e coletiva, de reflexão sobre seu papel como cidadão, de interações empáticas, de autonomia e de tomada de decisões éticas e fundamentadas.

Nesse sentido, atividades que promovam o diálogo sobre questões relevantes para os jovens e que os coloquem como centro das discussões e das soluções são altamente recomendadas para o trabalho com Projeto de Vida em escolas no Ensino Médio, em especial no âmbito das CHS.

Protagonismo, autoestima e combate ao *bullying*

O protagonismo e o engajamento em projetos de impacto social são aspectos tratados em Projeto de Vida que estabelecem diálogo direto com a área de Ciências Humanas e Sociais Aplicadas. As relações estabelecidas com as noções de Eu, o Outro e o Nós geram impacto na forma como nos vemos, como lidamos com a alteridade e com a construção da sociedade, permeando temáticas como preconceito, *bullying*, empatia, escuta ativa etc.

Em diferentes graus, conflitos por divergências de opiniões, pensamentos, formas de ser e atuar levam a problemas sociais de marginalização, discursos de ódio, atentados contra a própria vida e a dos outros e até guerras.

Embora seja evidente a importância dos relacionamentos e de uma atitude cidadã, nem sempre a dimensão social de Projeto de Vida é tratada com a devida importância. Muitas vezes entendida de forma simplista como "fazer o bem" ou "ajudar os outros", negligencia a importância da aceitação social na autoaceitação, fundamental para a construção da identidade e o desenvolvimento pessoal.

A inclusão social, abordada na Sociologia e na Filosofia, trata dos mecanismos humanos de valorização de indivíduos e grupos sociais, cujos reflexos são vistos nas relações de poder e na estrutura das sociedades atuais. As contribuições da História e da Geografia nos ajudam a compreender de que forma as ações e os diálogos, ou a ausência deles, levam à compreensão do mundo atual e são fundamentais para que tenhamos argumentos e aprendizados nos quais nos apoiar para propor novas soluções para antigos problemas, baseados na "sistematização e seleção de dados, obtidos em fontes confiáveis e sólidas" (BRASIL, 2018, p. 562).

Subjetividade e alteridade, local e global, privado e público são diferentes lados das mesmas histórias, diferentes perspectivas sobre o mesmo objeto: a sociedade. Somos parte dela, corresponsáveis pelos seus problemas e soluções.

Baseadas nessas premissas, as vivências relatadas neste texto e colocadas em prática nas aulas de Projeto de Vida alinham-se aos pressupostos da BNCC mencionados e, em especial, às seguintes competências gerais, específicas e habilidades de CHS.

- **Competências:**

  - Competência Geral 9: Exercitar a empatia, o diálogo, a resolução de conflitos e a cooperação, fazendo-se respeitar e promovendo o respeito ao outro e aos direitos humanos, com acolhimento e valorização da diversidade de indivíduos e de grupos sociais, seus saberes, identidades, culturas e potencialidades, sem preconceitos de qualquer natureza.
  - Competência Específica 6 de Ciências Humanas e Sociais Aplicadas: Identificar e combater as diversas formas de injustiça, preconceito e violência, adotando princípios éticos, democráticos, inclusivos e solidários, e respeitando os Direitos Humanos. (BRASIL, 2018, p. 10)

- **Habilidades específicas de Ciências Humanas e Sociais Aplicadas:**

  - EM13CHS501: Analisar os fundamentos da ética em diferentes culturas, tempos e espaços, identificando processos que contribuem para a formação de sujeitos éticos que valorizem a liberdade, a cooperação, a autonomia, o empreendedorismo, a convivência democrática e a solidariedade.
  - EM13CHS502: Analisar situações da vida cotidiana, estilos de vida, valores, condutas etc., desnaturalizando e problematizando formas de desigualdade, preconceito, intolerância e discriminação, e identificar ações que promovam os Direitos Humanos, a solidariedade e o respeito às diferenças e às liberdades individuais.
  - EM13CHS503: Identificar diversas formas de violência (física, simbólica, psicológica etc.), suas principais vítimas, suas causas sociais, psicológicas e afetivas, seus significados e usos políticos, sociais e culturais, discutindo e avaliando mecanismos para combatê-las, com base em argumentos éticos. (BRASIL, 2018, p. 570, 577)

O combate ao *bullying* e o desenvolvimento da empatia, temáticas trabalhadas nos *cases* apresentados neste texto, são representativos dessa desejável atitude justa e aberta ao diálogo com o outro à qual a BNCC se refere em seus textos introdutórios, competências e habilidades.

Trabalhar em sala com situações reais dos alunos não só atende a objetivos educacionais, mas se expande para o cumprimento das expectativas do papel da educação na sociedade e seu compromisso com

> ideias de justiça, solidariedade, autonomia, liberdade de pensamento e de escolha, ou seja, a compreensão e o reconhecimento das diferenças, o respeito aos direitos humanos, à interculturalidade, e o combate aos preconceitos de qualquer natureza. (BRASIL, 2018, p. 561)

Discutir as causas e as possíveis soluções para esses desafios de convivência que afetam não só a juventude prepara os jovens para atuarem no presente e no futuro, no seu entorno imediato, sendo realmente protagonistas:

> Na construção de sua vida em sociedade, o indivíduo estabelece relações e interações sociais com outros indivíduos, constrói sua percepção de mundo, atribui significados ao mundo ao seu redor, interfere na natureza e a transforma, produz conhecimento e saberes, com base em alguns procedimentos cognitivos próprios, fruto de suas tradições tanto físico-materiais como simbólico-culturais. (BRASIL, 2018, p. 565)

Protagonismo, atuação cidadã, engajamento, autoconhecimento, diálogo, escuta ativa, bem comum: esses conceitos são a base do Projeto de Vida, em especial da dimensão social, que abarca tanto aspectos ligados a relacionamentos interpessoais quanto a cidadania.

Esses mesmos conceitos integram as Competências Específicas de Ciências Humanas e Sociais Aplicadas e permitem intersecções com saberes, temáticas e problematizações das categorias Indivíduo, Natureza, Sociedade, Cultura e Ética, por exemplo as discussões sobre as semelhanças e diferenças inerentes aos grupos sociais do jovem (família, escola, bairro, cidade, país, etnia, religião etc.) e que são replicáveis em contextos mais amplos como o de outros povos, exercitando o deslocamento de pontos de vista e a relação entre a ética, a sociedade, a cultura e o indivíduo.

Alinhadas a esses objetivos da BNCC para a área de CHS, à minha formação e prática e ao currículo de Projeto de Vida do meu contexto educacional, compartilho a seguir duas experiências de trabalho baseadas em diálogo, protagonismo juvenil, combate ao *bullying* e no desenvolvimento de competências socioemocionais como empatia, respeito à diversidade e escuta ativa.

Projeto de Vida em uma escola estadual de tempo integral

Esta narrativa baseia-se na minha experiência pessoal e profissional desde 2014 como professor de Filosofia, Sociologia e Projeto de Vida na EEEI Prof.ª Maria Ribeiro Guimarães Bueno, localizada no bairro da Saúde, na cidade de São Paulo. Desde a adesão da instituição ao Programa Ensino Integral,[1] em 2014, houve uma gradativa melhoria estrutural e uma ampliação curricular. Foram acrescentados à grade componentes referentes à parte diversificada do currículo, como Introdução ao Mundo do Trabalho; Preparação Acadêmica; Protagonismo Juvenil; Tutoria e Orientação de Estudos; além de Projeto de Vida, que passou a incorporar os dois primeiros componentes no 3º ano.

Nesse contexto, os professores de PV contavam com duas horas-aula semanais com os alunos e uma hora-aula semanal remunerada para reunião pedagógica com a equipe gestora, com o objetivo de realizar alinhamentos sobre os conteúdos e a metodologia a serem empregados nas aulas, assim como discutir sobre boas práticas e eventuais dificuldades.

O que compartilho são algumas experiências com o trabalho de Projeto de Vida nessa escola, com a expectativa de que elas possam gerar identificação e inspiração nos colegas docentes que, como eu, baseiam seu planejamento de PV a partir dos conhecimentos da área de Ciências Humanas e Sociais Aplicadas, em especial da importância do diálogo nas relações sociais. Além disso, espero que colegas de outras áreas de formação também atribuam sentido a essas práticas e possam implementá-las em seus fazeres pedagógicos.

Diferentemente do que se esperaria, este texto não apresenta apenas "*cases* de sucesso". Relato nele, com sinceridade e humildade, as dificuldades enfrentadas e os resultados não esperados alcançados em algumas atividades, como forma de despertar a proximidade e a empatia no colega leitor e para ilustrar quão desafiador e quão recompensador pode ser o caminho do trabalho com PV.

---

1 Em 2012 foi implementado no estado de São Paulo o Programa Ensino Integral no Ensino Médio, que previa a jornada dos alunos em dois períodos letivos, currículo integrado, matriz curricular diversificada, Regime de Dedicação Plena e Integral dos educadores e infraestrutura que atendesse às necessidades pedagógicas do programa. Em 2013 o programa foi expandido para os Anos Finais do Ensino Fundamental.

Duas experiências e muitos aprendizados

As atividades expostas a seguir foram realizadas com uma turma de 1º ano do Ensino Médio, com 35 alunos, e com uma de 2º ano, com quarenta alunos, em 2018 e 2019, respectivamente. Elas tinham como objetivo pedagógico desenvolver nos estudantes noções de protagonismo e autonomia através do diálogo, alinhadas à BNCC e ao desenvolvimento de projetos de vida.

Como metodologia, foi estabelecido que a participação dos alunos seria central tanto na definição dos recortes dos temas que seriam trabalhados quanto na determinação de como eles poderiam ser vivenciados.

Dentro do amplo guarda-chuva de questões identitárias e sociais relacionadas aos jovens, os alunos do 1º ano optaram por explorar o tema *bullying* e os do 2º ano, o tema "autoestima".

Após um levantamento inicial de ideias com cada ano, fizemos uma seleção das propostas de trabalho mais viáveis e uma pesquisa de materiais para criar um suporte teórico sobre os temas, realizada ao longo de quinze dias.

Antes de apresentar mais detidamente as vivências que foram desenvolvidas após a pesquisa teórica, vale destacar a relevância dos temas escolhidos pelos alunos de acordo com seu momento de vida pessoal e social, no qual as noções de autoconceito, aceitação, convívio e inserção social ganham especial importância devido às mudanças físicas e psicológicas inerentes à idade e ao complexo processo de transição para a vida adulta.

Embora esses temas tenham sido propostos pelos meus alunos, eles provavelmente poderiam ser (e são) trabalhados nas escolas de todo o país. As juventudes, por diversas que sejam, enfrentam desafios em comum, e nós, como docentes, podemos mediar as reflexões para que nossos estudantes sejam os responsáveis por suas atitudes e escolhas nessa fase e nas seguintes.

Vivência com o 1º ano: ações contra o *bullying*

No Caderno do Professor do material didático de Projeto de Vida com o qual trabalhávamos com o 1º ano na época (SÃO PAULO, 2014),[2] havia propostas de atividades com as temáticas "Meus valores e minhas ações", "O que é Projeto de Vida?" e "Como eu convivo com os outros?", que embasavam as primeiras discussões sobre questões identitárias e relacionais.

No início do ano, um dos temas centrais para trabalharmos era o do *bullying*, seguindo o material didático. Visando dar voz aos alunos e implicá-los em todo o processo de ensino-aprendizagem, questionei a turma sobre como poderíamos abordá-lo de forma a engajá-los.

As respostas foram diversas, tais como realizar palestras sobre o tema; organizar rodas de conversa sobre *bullying* e autoestima; criar dramatizações curtas que mostrassem como o *bullying* ocorre na sala de aula e discuti-las.

Perguntei a eles como poderíamos abordar essas ideias e a sugestão foi que eles se organizassem em grupos para desenvolvê-las. Formei os grupos por afinidade, pois isso permitiria que expusessem sem medo seus traumas e angústias aos colegas mais próximos. Em seguida, perguntei se essas atividades poderiam ser apresentadas para outras séries e, com um certo receio, aceitaram a ideia, mas questionaram para quais séries seriam. Sugeri que pensassem nas salas do Ensino Fundamental, e eles concordaram.

Pedi ao grupo que propôs dramatizar algumas cenas relacionadas com o tema que fizesse um esboço dos roteiros.

Uma aluna elaborou um depoimento sobre como o *bullying* afetou sua autoestima, levando-a a procurar ajuda profissional. Seu depoimento narrava desde a depressão no início da adolescência até o lento processo de recuperação durante o início do Ensino Médio. Um outro grupo de alunas preparou uma apresentação com cartazes e fez uma seleção de vídeos curtos sobre *bullying* com base nas pesquisas prévias so-

---

[2] A série de cadernos de apoio ao Programa Ensino Integral contempla também um volume único de Projeto de Vida para os alunos do Ensino Médio e outro para alunos dos Anos Finais do Ensino Fundamental.

bre o tema[3] com a proposta de finalizar a apresentação com palavras e frases motivacionais.

Pedi, então, que todos preparassem um roteiro de perguntas para a discussão com a turma após as apresentações.

No dia da apresentação para a sala, um grupo de alunos ficou responsável pela recepção dos colegas e pela organização do espaço.

O primeiro grupo apresentou aos colegas as três cenas curtas sobre situações de *bullying* em sala de aula. A primeira cena representava alguns alunos ridicularizando uma aluna recém-chegada da região Nordeste do país por causa do seu sotaque; outra abordava o preconceito e o *bullying* por causa do cabelo de uma aluna; e a terceira mostrava uma agressão verbal a uma estudante durante perguntas feitas pela professora, chamando-a de "burra", e terminava com a jovem respondendo corretamente uma questão que nenhum outro aluno sabia responder, sendo elogiada pela docente. As encenações provocaram risos, indignações e muitas reflexões, o que demonstrou que as propostas funcionavam quando postas em prática e que eram provocadoras quanto à temática do *bullying*.

O segundo momento foi o depoimento da aluna que havia sofrido *bullying* e desenvolvido depressão. A apresentação se deu em uma roda de conversa, contando com alguns colegas como seus assistentes para conversarem e questionarem os espectadores. O meu papel como professor, nesse caso, foi de "espectador mediador", focado em observar as reações de todos e intervir, se necessário, de modo a manter a temática e o respeito nas interações.

Por último, o grupo que havia sugerido as palestras e a conversa com os alunos fez sua apresentação, mostrou os cartazes e vídeos e propôs uma dinâmica para a participação de toda a sala: deixar tiras de papel e canetas em uma mesa e sugerir aos alunos que, sem se identificar, escrevessem uma palavra que os afetou profundamente na escola, causando uma piora na sua autoestima. Um representante do grupo sortea-

---

[3] O grupo tomou como principal inspiração o filme *Bullying: provocações sem limites*, uma produção luso-espanhola de 2019 dirigida por Josep A. Pérez Giner e José Luis García Arrojo, que trata das consequências do *bullying* na escola.

va um papel, lia-o em voz alta e perguntava se a pessoa que escreveu a palavra gostaria de se manifestar. A partir daí, conversavam sobre como esse jovem se sentiu e como poderia reagir a tal agressão verbal de forma a neutralizá-la.

Após essas apresentações para a própria turma, discutimos sobre as consequências do *bullying*, como a diminuição da autoestima, e sobre como evitá-lo, não aceitando provocações do agressor e pedindo ajuda aos professores e gestores escolares. Ficou evidente a importância das relações sociais e da mediação de conflitos por meio do diálogo para o desenvolvimento pessoal e social, temática fundamental de Projeto de Vida e diretamente relacionada com a área de Ciências Humanas e Sociais Aplicadas.

Nas aulas seguintes, os alunos convidaram os colegas do 6º ao 9º ano do Ensino Fundamental para assistirem a suas apresentações. No dia acordado, organizaram a sala em semicírculo e os convidados assistiram ao depoimento, à palestra com os cartazes e vídeos e à dramatização das três cenas. Durante o depoimento, os alunos do Fundamental podiam conversar com a aluna que estava narrando sua história, assim como eram incentivados a fazerem perguntas durante a palestra, fomentando a participação para que a vivência fosse interativa e significativa. Durante as atividades, procurei criar um clima de informalidade, por se tratar de um tema delicado.

A repercussão das apresentações foi muito positiva, pois os estudantes convidados interagiram em todos os momentos. Em apenas duas ocasiões tive que intervir porque alguns alunos se mostraram muito sensibilizados. Durante o depoimento da aluna, um aluno começou a chorar e os próprios colegas o acompanharam fora da sala para acalmá-lo. Em seguida, conversei com esse aluno e compreendi seu histórico de problemas de autoestima. Como intervenção, sugeri um número maior de encontros de tutoria, de forma a desenvolver um trabalho de acompanhamento do seu desenvolvimento e de orientação.

Na encenação que apresentava a agressão verbal, alguns alunos se manifestaram sobre este tipo de *bullying* e comentaram que as ofensas, em muitos casos, partiam dos pais ou de outros familiares. Um aluno do

6º ano chorou durante essa discussão e intervi acolhendo-o. Em conversa posterior, identifiquei que se tratava de um caso de *bullying* no ambiente familiar e procedi à tutoria, além de discutir o caso com a coordenação, que lhe encaminhou ao CAPS, o Centro de Assistência Psicossocial da prefeitura de São Paulo, já que não contávamos com um psicopedagogo na escola.

Todas as propostas dos alunos dessa sala da 1ª série do Ensino Médio foram muito bem aceitas pelos colegas, professores e gestores, e as apresentações se estenderam por cerca de três semanas. Ao final, realizamos uma conversa analítica de encerramento, na qual parabenizei a turma pelo empenho, pela determinação e pela empatia. Os alunos afirmaram que haviam enriquecido sua compreensão do outro e que se sentiam realizados por verem suas propostas concretizadas e por promoverem diálogos entre os alunos e as turmas de diferentes níveis educacionais, reflexões e impacto na escola.

Além disso, disseram que a experiência contribuiu para ampliarem e valorizarem a percepção do quanto eles podem ser importantes para as pessoas ao seu redor, da potencialidade do diálogo para as relações sociais e o combate a todo tipo de discriminação. Destaquei que essas aprendizagens da potencialidade do seu papel como cidadãos protagonistas e agentes de transformação estavam diretamente relacionadas à dimensão social de seus projetos de vida.

Os alunos foram avaliados individualmente e em grupo por seu comprometimento e participação com base em três níveis de engajamento: total, satisfatório ou parcial.

Mensurar os resultados de uma ação como essa requer uma distância temporal. O que percebemos foi que alguns jovens mencionavam essa vivência como exemplo em outras situações de *bullying* e, como sempre ocorre com os temas sugeridos e trabalhados em PV, a observação do comportamento dos adolescentes a curto e médio prazo é fundamental para avaliar o resultado da vivência.

Na escola, percebemos que tanto os alunos dos Anos Finais do Ensino Fundamental quanto os do Ensino Médio passaram a denunciar à coordenação e à vice-direção situações de *bullying*, embora tenha diminuído o número de ocorrências. Como consequência, o tema foi incorporado ao processo de acolhimento dos alunos a partir de 2020.

A convivência melhorou e a turma, que antes se dividia em pequenos grupos, se tornou mais unida. Alguns alunos mudaram suas atitudes e levaram a discussão para o espaço doméstico por se sentirem mais preparados e confiantes em abordar o tema.

Houve um reconhecimento por parte da direção e da supervisão da escola sobre o impacto da atividade, inclusive foi aventada a possibilidade de se criarem grupos de discussão sobre o tema em outras escolas da diretoria de ensino, mas infelizmente isso não se concretizou.

Com base nessa prática, é possível concluir que o protagonismo deve ser vivido dentro da escola para que seja levado para fora dos seus portões. Pensar sobre problemas reais, propor soluções, implementá-las e analisar seu impacto contribui para formar a consciência de que somos todos cocriadores do nosso contexto, que podemos intervir nele positivamente e constantemente rever e fortalecer nossa identidade na alteridade, no encontro com o outro, com as suas causas e dores.

A empatia com o outro e o combate ao *bullying* caminham juntos, assim como a vivência e a aprendizagem. Ao propor uma análise da temática do *bullying* e suas consequências e, posteriormente, uma conscientização coletiva, os estudantes se mostraram capazes de agir no mundo como sujeitos modificadores da sua realidade, combatendo estereótipos e opiniões baseadas no senso comum.

O que a princípio se apresentava como um seminário temático apenas expositivo motivou os jovens a se engajarem em práticas ativas nas quais foram protagonistas da sua aprendizagem e da construção de novas e melhores relações interpessoais, desenvolvendo, assim, a Competência Geral 9 da BNCC:

> Exercitar a empatia, o diálogo, a resolução de conflitos e a cooperação, fazendo-se respeitar e promovendo o respeito ao outro e aos direitos humanos, com acolhimento e valorização da diversidade de indivíduos e de grupos sociais, seus saberes, identidades, culturas e potencialidades, sem preconceitos de qualquer natureza. (BRASIL, 2018, p. 10)

Como visto, as competências e habilidades da BNCC são desenvolvidas pelos alunos no contexto de Projeto de Vida sem que eles tenham consciência dessa aprendizagem e, inclusive, algumas vezes sem que nós professores saibamos exatamente a princípio como elas serão vivenciadas.

Pode não ser fácil lidar com os sentimentos e a formação social dos alunos, dado que ela extrapola o âmbito educacional e os conteúdos de uma Área do Conhecimento (neste caso, de CHS), e inclui a família e a sociedade, como no caso dos alunos que se sentiram extremamente sensibilizados pelo tema e precisaram de atenção e acompanhamento. No entanto, essas práticas sem dúvida são recompensadoras e dão sentido à escola, ao que ela é: esse centro de formação para a vida, que oferece aos alunos saberes disciplinares e (con)vivências para que se desenvolvam de forma integral.

Embora essas atividades sobre questões sociais e de *bullying* possam ser realizadas em qualquer contexto, no âmbito de Projeto de Vida elas cobram outro sentido por contribuírem para o desenvolvimento das dimensões pessoal e social dos alunos. Ao verem que são capazes de agir e provocar mudanças positivas no seu entorno, podem dar maior importância e aprofundar as reflexões sobre a dimensão social de seus PV. Essa costuma ser a dimensão na qual professores e estudantes colocam menos ênfase; no entanto, se fomentada em classe com atividades colaborativas e de intervenção social, pode aumentar o engajamento e o protagonismo dos alunos e levá-los a considerar o bem comum como possibilidade profissional.

TEMAS CONHECIDOS

Propor atividades de combate ao *bullying*, que são recorrentes no ambiente escolar, pode contribuir para a percepção de autoeficácia do colega professor. Você pode se sentir mais preparado para trabalhar com PV partindo de práticas com as quais está acostumado, direcionando o foco delas para os objetivos dessa área e para o processo de construção dos projetos de vida dos alunos.

Vivência com o 2º ano: autoestima, protagonismo e grupo de escuta ativa

No 2º ano do Ensino Médio, o conteúdo previsto no material de PV com o qual trabalhamos abrangia desde o estabelecimento e o reforço das metas dos alunos para seus projetos de vida até a elaboração de um portfólio contendo um roteiro de ações para a efetivação dessas metas, com o objetivo de colocar em prática as competências e as habilidades de autoconhecimento e planejamento desenvolvidas no ano anterior.

Com base nessa proposta e na intenção de propor temáticas relevantes para os alunos, desenvolvi o projeto apresentado a seguir.

Há algum tempo, entre os alunos havia conversas relacionadas a temas como depressão e suicídio, que estavam em destaque na mídia devido às preocupantes estatísticas crescentes. Por esse motivo, achei que seria interessante colocar o assunto da saúde mental em pauta para que pudéssemos fazer reflexões e, se possível, elaborar algumas propostas de solução. Como de praxe, nos reunimos em um grande círculo, apresentei a temática e propus que eles sugerissem um tema relacionado, e dois alunos citaram "autoestima". Todos aceitaram e os questionei sobre o que é autoestima e pedi exemplos. Após algumas discussões em sala, solicitei que sugerissem formas de trabalhar o tema, dando autonomia à turma. Surgiram propostas de investigá-lo e retratá-lo com fotos, vídeos, textos dissertativos ou poemas.

Orientei que formassem grupos de quatro a seis alunos e que definissem a linguagem que utilizariam para abordar o tema. Teriam cerca de trinta minutos para concretizar suas propostas e poderiam usar os espaços da escola, como pátio, quadra de esportes e sala multiúso.

Um dos alunos seria o responsável por cada grupo, mantendo o foco e o controle do tempo, e todos deveriam voltar vinte minutos antes do término da aula para a apresentação de sua produção.

Os grupos que escolheram trabalhar o tema por meio de fotos ou vídeos buscaram os espaços externos da escola, e os que propuseram produzir textos dissertativos ou poemas trabalharam na sala de aula.

Durante essas atividades, atuei como mediador, respondendo a dúvidas, provocando algumas reflexões, motivando e verificando o progresso da atividade. Ao término do tempo combinado, pedi que retornassem à sala e apresentassem aos colegas o que foi investigado e produzido.

Nas aulas seguintes retomamos as apresentações e discutimos sobre como os alunos viam a diminuição da autoestima e de que forma isso afetava a saúde mental deles e a convivência em grupo.

Em algumas produções a autoavaliação chamou minha atenção, pois alguns jovens se referiam à sua autoestima e à forma como se viam com textos e poemas autodepreciativos. Não comentei nada com o grupo no momento, mas conversei em separado com esses estudantes posteriormente para entender por que se viam de forma negativa, e constatei que eram vistos assim por pessoas do seu entorno, como irmãos e pais. Coloquei-me à disposição para outras conversas e tutorias e percebi que o fato de saberem que podiam contar com um interlocutor contribuiu para uma postura mais aberta desses alunos a partir de então.

Nas atividades, o grupo de alunas que realizou a proposta por meio de fotos se destacou pela qualidade estética e pela criatividade em mostrar como o adolescente se comporta em relação àquilo que afeta seu equilíbrio emocional: fotos com a palavra "Help" (escrita no portão da quadra da escola), uma aluna isolada enquanto um grupo se reunia etc. Após a apresentação, questionei o que elas queriam comunicar com aquelas imagens e o que significavam e responderam que pretendiam retratar a solidão, o abandono e, indiretamente, um pedido de socorro, pois acreditavam que o combate aos problemas psicossociais dependia de intervenção especializada, como de psicólogos.

Definimos em votação como a produção textual seria divulgada: com um mural no pátio, com breves textos e frases motivacionais que constituíssem uma amostra da atividade desenvolvida.

Nas aulas seguintes, com o objetivo de fazer uma avaliação da atividade, reuni os alunos em um círculo e fiz algumas perguntas, como: o que houve de interessante na atividade? As propostas foram coerentes com o tema? A atividade esclareceu um pouco mais a relação das pessoas com a autoestima?

Após as respostas dos estudantes, que foram muito positivas, concluí com uma questão que visava dar sequência à atividade: como poderíamos concretizar essas ideias sobre autoestima? Como poderíamos transformar essa reflexão em uma ação? Uma aluna do grupo que trabalhou com fotos propôs a criação de um grupo com outros alunos para conversar sobre questões que, infelizmente, são comuns entre os jovens, como a baixa autoestima e a depressão. Após algumas conversas, decidiram reunir um grupo, incluindo outras salas e séries, e ter uma conversa informal sobre autoestima e *bullying*; passariam nas salas convidando os colegas. A participação seria voluntária e aberta a todos. O grupo de alunas conversaria com a gestão escolar e coordenaria o grupo nas reuniões.

Uma questão que me preocupava era que os encontros se transformassem em "sessões da terapia de grupo", algo para o qual nem os alunos nem eu estávamos preparados. Discutimos como seriam as reuniões, como deveriam ser conduzidas as falas e a escuta ativa, se haveria análises do comportamento, como seria dado algum tipo de retorno aos participantes, se haveria julgamentos das atitudes e ideias, entre outras questões, e os alunos se comprometeram a se atentar a essas questões.

Após reunião dos alunos com a gestão, ficou decidido que o grupo de escuta ativa se reuniria uma vez por semana no horário do almoço durante trinta minutos, na sala de Projeto de Vida, e que o grupo de alunas do 2º ano seria o responsável pela atividade.

Na primeira reunião, participaram 44 alunos do 7º ano do Ensino Fundamental ao 3º do Médio. Diante da adesão, cogitei trazer um psicólogo para mediar os encontros, dado que eles eram organizados e realizados apenas por alunos e não contávamos com esse profissional na escola, mas não consegui a adesão de psicólogos voluntários nem contei com recursos da escola.

Segundo o relato dos alunos, as reuniões começaram com bastante participação e os espectadores passivos eram convidados a opinar e sugerir exemplos de motivação para os colegas que faziam suas colocações. Os encontros eram liderados pelo grupo de alunas que os havia proposto e por alguns estudantes do 3º ano do Ensino Médio. Após aproximadamente dois meses, porém, o número de participantes reduziu consideravelmente e durante o período de avaliações bimestrais e conselho de classe a motivação dos alunos diminuiu e o grupo deixou de existir. Durante sua existência, fiz um acompanhamento à distância, sem intervir na sua dinâmica, o que parece não ter sido a melhor decisão.

Alguns motivos podem ter influenciado a curta duração dessa iniciativa. Um deles, apontado pelos alunos, é que a partir das histórias contadas pelos participantes, havia uma grande dificuldade em se determinar uma ação, uma resposta ou um "conselho". Outro motivo foi a falta de um mediador que pudesse indicar caminhos ou que mantivesse um olhar atento sobre os rumos do grupo. Em geral, os alunos se mostraram decepcionados com eles mesmos por não conseguirem manter o grupo ativo, mas satisfeitos com a experiência e, principalmente, com a consciência de que uma reflexão pode se tornar ação de diálogo e surtir resultados e aprendizados individuais e coletivos.

Essa vivência permitiu a mim e aos alunos refletir sobre a capacidade de autogestão deles, o comprometimento, os limites da autonomia e do protagonismo. Não há dúvida de que eles devem ser incentivados a liderar projetos pessoais e coletivos, mas ficou evidente que precisam de suporte pedagógico (e psicológico, neste caso) ao longo do Ensino Médio para estruturá-los, colocá-los em prática, mantê-los e concluí-los, sob o risco de se sentirem mais frustrados e desmotivados do que antes da sua execução por não terem os conhecimentos e as competências necessárias, tanto socioemocionais quanto cognitivas.

Ainda que as ações criadas pelos alunos – como essa do grupo de apoio – não tenham necessariamente relação com algum objetivo do PV deles, a atividade é muito importante porque favorece que eles se abram para as demandas pessoais e da sociedade e vivenciem a proposição de soluções, competências fundamentais para todas as dimensões da vida.

> **ERROS E ACERTOS**
>
> A disciplina de Projeto de Vida, em certa medida, é entendida como esse espaço em que se pode testar práticas sociais e aprender com os erros e acertos, geralmente sem impactos negativos para si e para os outros. Se bem aproveitada com intencionalidade pedagógica, essas experiências podem promover importantes aprendizagens, com o objetivo de contribuir para a formação desses jovens cidadãos que já se mostram empáticos e propositores de soluções para problemas do seu entorno, desenvolvendo, portanto, a dimensão social de suas vidas.

No entanto, como visto, a ausência de objetivos claros, metodologia, acompanhamento docente e avaliação constante pode levar alguns projetos a um subaproveitamento quando fatores internos interferem no seu andamento, como a falta de mediação especializada e a inexperiência dos alunos, além de fatores externos, como o período de avaliações escolares, por exemplo.

Todavia, pode-se concluir que a atividade foi proveitosa por ter proporcionado aos alunos a experiência e o aprendizado sobre trocas interpessoais, organização, motivação, aprendizagem entre pares, ética, liderança, entre tantas habilidades e competências difíceis de se mensurar. O protagonismo requer, além de autonomia e responsabilidade, a capacidade de detectar quando é necessária uma colaboração ou intervenção para se levar adiante um projeto, seja como este, escolar, seja no próprio projeto de vida.

Ao abrir um espaço em sala para o diálogo sobre temas socialmente importantes, como a depressão e o suicídio, e escutar dos alunos como proposta de solução a sugestão de um trabalho sobre autoestima, foi acionada a engrenagem do protagonismo juvenil. Ela se concretizou na autonomia em se responsabilizar pela condução da investigação sobre o tema e na empatia em reconhecer uma situação que afeta os demais e se engajar na causa, desenvolvendo, assim, a Competência Geral 8 da BNCC:

> Conhecer-se, apreciar-se e cuidar de sua saúde física e emocional, compreendendo-se na diversidade humana e reconhecendo suas emoções e as dos outros, com autocrítica e capacidade para lidar com elas. (BRASIL, 2018, p. 10)

Ao propor uma solução que beneficiaria uma parcela de estudantes além de seu ano escolar na forma de um grupo de escuta ativa, os alunos assumiram a responsabilidade de conduzir um processo sobre o qual não possuíam controle e de se exporem, o que os motivou a buscar formas de lidar com as próprias emoções e as dos outros jovens, prevalecendo nesse contato o cuidado e a ética no trato com aqueles que buscavam serem ouvidos.

Apesar de a proposta não ter tido uma duração longa, seus resultados na formação humana e cidadã dos alunos são imensuráveis, assim como nas aprendizagens sobre gestão de projetos, planejamento, trabalho em equipe, entre outras competências do século XXI.

Considerações finais

O protagonismo na percepção de um problema e na proposição de soluções é muito fomentado nas escolas do Programa Ensino Integral, como é o caso do meu contexto profissional, e pode ser trabalhado de forma elaborada nas aulas de Projeto de Vida.

A construção do PV do aluno depende dos saberes de todas as áreas, em especial das Ciências Humanas e Sociais Aplicadas. São esses subsídios que dão as ferramentas necessárias para que o aluno articule sentimentos, conhecimentos e vivências e questione sua realidade, agindo socialmente, visando o seu bem e o dos outros:

> o conhecimento do Outro, da outra cultura, depende da capacidade de se indagar para indagar o Outro, atitude fundamental a ser desenvolvida na área de Ciências Humanas e Sociais Aplicadas. Esse é o primeiro passo para a formação de sujeitos protagonistas tanto no processo de construção do conhecimento como da ação ética diante do mundo real e virtual, marcado por uma multiplicidade de culturas. (BRASIL, 2018, p. 567)

Seu projeto de vida

As questões sociais permeiam nossa identidade e nossa vida. No entanto, no dia a dia, muitas vezes a rotina e as necessidades imediatas nos desconectam do entorno; consumimos e prestamos serviços de forma automatizada, interagimos sempre com as mesmas pessoas, agimos da mesma forma nas mais diversas situações. Não nos permitimos "afetar" e "ser afetados" pelos outros por falta de tempo para a convivência, de disponibilidade para escutar histórias, do debate de ideias de forma respeitosa e empática, de ver além da nossa bolha. Evitamos o diálogo; sim, o diálogo, não a conversa vazia ou o monólogo, mas o diálogo, aquele que pressupõe tanto a comunicação empática quanto a escuta ativa.

Esse isolamento social, intencional ou não, interfere diretamente na construção e implementação da dimensão pessoal de Projeto de Vida. Do mesmo modo que sem conhecer a si mesmo é inviável construir um projeto de desenvolvimento para a dimensão pessoal, sem conhecer o outro torna-se vazia qualquer proposta de intervenção social.

Para além da associação da dimensão social a ações altruístas como voluntariado, por exemplo, a compreensão do outro passa primeiro pela compreensão de si, pelo entendimento de que fazemos parte do mesmo entorno e que fazer por si é fazer pelo outro e vice-versa.

Com base nessa compreensão, fica o convite para um novo olhar para a dimensão social do seu projeto de vida alinhado à Competência Geral 10 da BNCC e da BNC – Formação Continuada: Responsabilidade e cidadania. Qual a importância que você dá a ela? Que tipos de objetivos você se coloca nessa esfera da sua vida? Eles visam promover o seu bem-estar e/ou o dos outros? Como você se motiva a ser socialmente mais aberto e engajado?

Levando as reflexões para o campo da sua atuação como docente de PV, de que forma essa sua percepção da dimensão social impacta como você a trabalha com seus alunos? Você se mostra de fato aberto a eles? Exercita o diálogo no seu contexto mais imediato: a escola? Prepara suas aulas de modo a permitir diálogos e suas consequências?

Embora a dimensão social pareça "grandiosa", como se houvesse uma obrigação coletiva de salvar o mundo, ela pode se concretizar em ações cotidianas individuais simples, como se permitir ter pessoas com opiniões divergentes nas suas redes sociais para exercitar a compreensão e o respeito por diferentes pontos de vista, ou se abrir a propostas dos alunos para a realização de uma atividade, ou, ainda, desenvolver a competência de liderança para se comunicar de forma eficaz e motivar pessoas.

Idealizar e implementar um projeto de vida que abranja todas as dimensões, incluída a social, deve ser uma atividade prática, com objetivos desafiadores, mas possíveis, que o permita ser protagonista da sua própria história no cotidiano, na relação com o outro.

É importante esclarecer que ser protagonista não deve ser confundido com ser egoísta. Protagonismo está relacionado com escolhas e decisões responsáveis e éticas, que implicam consequências para si e para o outro, e não com ser o centro de todas as relações.

Como visto no texto, habilidades de relacionamento e noções de cidadania podem ser exercitadas e ensinadas na escola, e o currículo da área de Ciências Humanas e Sociais Aplicadas permite inúmeras conexões com a dimensão social de Projeto de Vida. Para isso, é preciso estar preparado para acompanhar o desenvolvimento interacional dos alunos e para administrar situações adversas, dando-lhes autonomia para exercer seu protagonismo, mas guiando-os e intervindo com frequência e intencionalidade pedagógica.

Seja como indivíduo (dimensão pessoal), como cidadão (dimensão social) ou como professor (dimensão profissional), o diálogo é o caminho para o desenvolvimento de indivíduos e sociedades, e os saberes e as vivências em diversas Áreas do Conhecimento e da vida são o que embasa e dá significado a ele.

Referências

BRASIL. *Base Nacional Comum Curricular*. Brasília, DF: MEC, 2018.

SÃO PAULO (estado). Secretaria da Educação. *Currículo do estado de São Paulo*. São Paulo: SEE, 2010.

_____. Secretaria da Educação. *Diretrizes do Programa de Ensino Integral*. São Paulo: SEE, 2012.

_____. Secretaria da Educação. *Projeto de vida*: Ensino Médio – Caderno do professor. Material de apoio ao Programa Ensino Integral do Estado de São Paulo. São Paulo: SEE, 2014.

CAPÍTULO 10

MOTIVAÇÃO E PROJETO DE VIDA: AUTOEFICÁCIA E AUTORREGULAÇÃO

Roberta Amendola

Nos Capítulos 1 a 5, você conheceu o histórico e as bases de Projeto de Vida, sua proposição teórica para fundamentar a prática com os alunos e sugestões de reflexões para construir ou atualizar o seu próprio PV. Nos Capítulos 6 a 9, pôde se familiarizar com propostas de atividades relacionando Projeto de Vida às quatro Áreas do Conhecimento previstas na BNCC para o Ensino Médio, além de refletir novamente sobre o seu PV e sobre como pode conduzir os seus alunos na construção do deles.

Nessa trajetória, você deve ter se questionado sobre como lidar com as adversidades que podem surgir durante sua implementação, como a descrença dos jovens no próprio potencial devido às dificuldades do seu contexto socioeconômico ou à resistência em traçar objetivos por não acreditarem que possam alcançá-los. A resposta para muitas dessas inquietações é "motivação", como antecipamos na "Introdução" da obra e vamos retomar e aprofundar neste capítulo.

O psicólogo canadense Albert Bandura propõe a Teoria Social Cognitiva (TSC), na qual o que determina o nível de motivação de uma pessoa é a percepção que ela tem de si mesma e da sua capacidade de realizar algo, chamada de autoeficácia. Essa percepção de autoeficácia impacta a motivação para a ação, interferindo na definição de metas, na quantidade e no tempo de esforço, assim como na perseverança para se atingir os objetivos. Note que falamos em "percepção" e não em "determinação" de eficácia, ou seja, se trata de quanto uma pessoa acredita ser eficaz, podendo ou não corresponder à realidade, aos seus conhecimentos e potencialidades. É comum haver um desequilíbrio entre a percepção e a realidade; a maioria dos alunos – e até alguns professores – costuma se perceber como menos capaz do que é.

A motivação envolve variáveis tanto cognitivas quanto emocionais, como a estimativa subjetiva da probabilidade de sucesso, o medo de falhar, a percepção de desafio e o interesse. A motivação intrínseca é a gerada pelo próprio indivíduo, não está relacionada a recompensas, é mais duradoura e desperta prazer. Já a motivação extrínseca é gerada pela possibilidade de ser recompensado por alcançar um determinado objetivo, como receber um elogio, tirar uma boa nota e ser aprovado, receber um salário ou um bônus, ganhar algum objeto de interesse etc. Nesse caso, a pessoa pode realizar a atividade sem prazer, motivada apenas pela recompensa, seja ela tangível ou intangível.

Na TSC, Bandura parte do princípio de agência, ou seja:

> Ser agente significa influenciar o próprio funcionamento e as circunstâncias de vida de modo intencional. Segundo essa visão, as pessoas são auto-organizadas, proativas, autorreguladas e autorreflexivas, contribuindo para as circunstâncias de suas vidas, não sendo apenas produtos dessas condições. (BANDURA, 2008, p. 15)

Para o psicólogo, somos capazes de nos direcionarmos para aprender, relacionando motivação, pensamento e ação para a aprendizagem. Para ele, o homem é um agente que pode influenciar intencionalmente a si e os cursos de ação da sua vida, interagindo com o seu entorno, sendo um produto e um produtor do seu meio.

> **EFICÁCIA E COMPETÊNCIA**
>
> As crenças de autoeficácia correspondem à percepção que uma pessoa tem sobre a sua própria capacidade e são a base para a motivação: agimos e persistimos diante de dificuldades em qualquer esfera da vida quando acreditamos que somos capazes. Essa noção de eficácia está diretamente relacionada à de competência.

Ao tratar de motivação, Bandura toma como base a percepção de eficácia pessoal e alheia para o bem-estar psicológico e físico, ou seja, como o indivíduo e a sociedade veem alguém influencia a sua eficácia. Não se trata de "opinião" ou "impressão", mas de crenças e de processos cognitivos que interferem nas emoções e nas ações de um indivíduo.

No contexto educacional, assim como nos demais âmbitos da vida, a percepção de autoeficácia influencia o desempenho e o engajamento. Não basta ter conhecimentos, habilidades e atitudes, como previsto na BNCC; é preciso se considerar capaz de mobilizá-los para atingir um objetivo, seja a realização de uma tarefa escolar, seja uma meta de vida.

> No contexto acadêmico, um aluno motiva-se a envolver-se nas atividades de aprendizagem caso acredite que, com seus conhecimentos, talentos e habilidades, poderá adquirir novos conhecimentos, dominar um conteúdo, melhorar suas habilidades etc. Assim, esse aluno selecionará atividades e estratégias de ação que, segundo prevê, poderão ser executadas por ele e abandonará outros objetivos ou cursos de ação que não lhe representem incentivo, porque sabe que não os poderá implementar. Com fortes crenças de autoeficácia, o esforço se fará presente desde o início e ao longo de todo o processo, de maneira persistente, mesmo que sobrevenham dificuldades e revezes [sic].
>
> Por isso, Bandura considera que os julgamentos de autoeficácia atuam como mediadores entre as reais capacidades, que são as aptidões, conhecimentos e habilidades, e a própria performance. Isto é, esses outros fatores, que também contribuem para predição do desempenho, não produzirão as esperadas consequências, a menos que ocorra a mediação das crenças de autoeficácia. (BZUNECK, 2009, p. 118)

Como visto, as crenças de autoeficácia são determinantes para a motivação, o engajamento e o êxito dos alunos na realização de uma atividade; por isso é fundamental destacar o papel da escola e do docente no desenvolvimento dessa percepção.

Na percepção de eficácia do modelo de agência humana da TSC interferem três fatores conhecidos como reciprocidade triádica:

1. **O comportamento**: as ações, as escolhas, as declarações verbais como "eu posso" ou "eu não sou capaz".

2. **Fatores pessoais**: afetos, eventos biológicos, crenças e expectativas, além de componentes da cognição, como a capacidade de prever, planejar, julgar etc. No âmbito profissional, esses fatores se relacionam com o grau de desenvolvimento das competências e do conhecimento cognitivo referentes ao(s) componente(s) que se leciona (com base na formação inicial e continuada e na experiência) e com as competências socioemocionais envolvidas no fazer pedagógico.
3. **Fatores ambientais**: ambiente físico, clima, outras pessoas e seus comportamentos, acontecimentos, tudo que se passa ao nosso redor. No contexto escolar, esses fatores são as demandas específicas da área de cada docente; o suporte da equipe de gestão; as metas e os recursos disponíveis para alcançá-las; o clima da sala dos professores e as relações pessoais e profissionais com os demais docentes.

Segundo Pajares e Olaz (2008), os professores podem contribuir para a própria eficácia e para a eficácia dos alunos:

> Na escola, por exemplo, os professores trabalham para promover a aprendizagem e a confiança acadêmica dos alunos sob seus cuidados. Usando a teoria social cognitiva como referência, os professores podem trabalhar para melhorar os estados emocionais de seus alunos e para corrigir suas autocrenças e hábitos negativos de pensamento (fatores pessoais), melhorar suas habilidades acadêmicas e práticas autorregulatórias (comportamento) e alterar as estruturas da escola e da sala de aula que possam atuar de maneira a minar o sucesso dos estudantes (fatores ambientais). (PAJARES; OLAZ, 2008, p. 98)

Embora uma parte da percepção de autoeficácia esteja relacionada a fatores ambientais, portanto externos à pessoa, a maioria dos fatores depende exclusivamente do indivíduo, e até a percepção sobre os fatores externos depende dele.

> O exercício da agência pessoal sobre a direção em que o indivíduo leva sua vida varia, dependendo da natureza e da flexibilidade do

> ambiente. [...] Há um ambiente físico e socioestrutural que é imposto sobre as pessoas, gostem elas ou não. As pessoas não têm muito controle sobre a sua presença, mas têm liberdade na maneira como o interpretam e reagem a ele. [...]
> Dado o mesmo ambiente potencial, indivíduos com um sentido elevado de eficácia concentram-se nas oportunidades que ele proporciona, ao passo que aqueles cuja autoeficácia é baixa enfatizam problemas e riscos. (BANDURA, 2008, p. 24)

Portanto, embora o ambiente seja o mesmo, é a percepção de autoeficácia que molda a visão que as pessoas têm dele. Nossas capacidades cognitivas permitem que escolhamos, em grande parte, em quais acontecimentos prestaremos atenção, o valor que atribuiremos a eles e como utilizaremos as informações que aprendemos, porque somos agentes da nossa vida.

Essa agência humana possui quatro características principais:

1. **Intencionalidade:** realizamos nossas ações comprometidos com o nosso planejamento.
2. **Antecipação/previsão:** prevemos as consequências das nossas ações com base no conhecimento que temos do mundo, o que nos ajuda a definir objetivos viáveis e a planejar estratégias alternativas para realizá-los.
3. **Autorreação:** acompanhamos nosso progresso quanto aos objetivos que estabelecemos, ajustando-os.
4. **Autorreflexão:** atribuímos sentido às nossas experiências e objetivos; analisamos nossos pensamentos, crenças e comportamentos; revemos nossa motivação e o impacto que fatores externos exercem sobre nós, como o ambiente e outras pessoas. Um dos fatores que contribui para essa autorreflexão são as crenças de autoeficácia.

A construção e a implementação de um projeto de vida vão além de escrever objetivos em um papel e, de tempos em tempos, revisitá-los. Requerem um planejamento (intencionalidade), previsões (antecipação), autoinfluência (autorreação/autorregulação) e investigação sobre o próprio funcionamento (autorreflexão). É necessário que haja um compromisso consigo mesmo em um processo contínuo de análise, reflexão e atitudes que podem influenciar o PV, ajustando nossos objetivos em função desses fatores sobre os quais temos maior ou menor domínio.

Ao não ser um agente, ou seja, ao não assumir o protagonismo sobre suas decisões, se está tomando também uma atitude, nesse caso de inércia, seja por aceitação da realidade, seja por falta de crença de capacidade e motivação para modificá-la. A percepção de autoeficácia influencia nossas escolhas e nossa motivação para agir, para não desistir diante de adversidades e para intervir em nós e no ambiente com foco em contribuir para a realização dos objetivos.

Se as crenças que as pessoas têm sobre si mesmas influenciam o controle que elas exercem sobre seu entorno, por que não desenvolvermos mecanismos cognitivos relacionados com gestão de expectativas, padrões e autorreforçamento para estabelecer e atingir metas para o nosso projeto de vida e para as Áreas do Conhecimento?

É importante esclarecer que não se trata de discursos motivacionais ou de autoajuda, mas de desenvolvimento de processos cognitivos com sólido embasamento científico nas áreas de Psicologia e Educação para construir uma percepção de si e do outro (no nosso caso, dos nossos alunos), de forma realista e eficaz e que leve a uma mudança de comportamento.

Na perspectiva da Teoria Social Cognitiva, os modelos cognitivos que modelam nossos pensamentos estão relacionados com os nossos processos de aprendizagem. Podemos aprender de forma indireta, por observação de um comportamento (aprendizagem observacional) ou por modelagem, ou seja, tendo uma pessoa com a qual nos identificamos como modelo e vivendo a experiência direta de agir como ela, reproduzindo seus comportamentos.

Esses processos cognitivos interferem na construção e, principalmente, na implementação de projetos de vida: quanto maior é a percepção de autoeficácia de uma pessoa, maiores são os desafios a que ela se propõe e maior é o seu comprometimento com eles.

Um professor que se percebe como autoeficaz se torna um modelo para seus alunos, e vice-versa. Os docentes, além de focarem a sua própria motivação, devem entender que são agentes determinantes para a motivação dos seus alunos, seja pelo exemplo, seja pelas estratégias educacionais utilizadas para favorecer o desenvolvimento deles.

De forma prática, segundo Bzuneck (2009, p. 125), para fomentar as crenças de autoeficácia dos alunos, o professor deve proporcionar experiências de êxito, comunicar a eles expectativas positivas quanto às suas capacidades e evitar ocorrências e verbalizações que possam gerar dúvidas sobre elas. Isso significa definir objetivos e metas desafiadoras, mas possíveis de serem alcançadas por eles, além de evitar comparações entre os alunos e incentivá-los. Embora a princípio essas estratégias se voltem para os estudantes, podem ser aplicadas também aos próprios professores.

> **PROJETOS INTERLIGADOS**
>
> O docente, um indivíduo que também está construindo e vivenciando o seu projeto de vida, é retroalimentado pela sua eficácia real (performance) e pela percepção de eficácia que seus alunos têm dele, sendo influenciado e influenciando o entorno. Assim, o projeto de vida do docente e os dos estudantes estão diretamente relacionados.

Professores que têm uma percepção de autoeficácia elevada influenciam positivamente a motivação, a aprendizagem, o autoconceito, a autogestão e os comportamentos dos seus alunos. Por outro lado, professores desmotivados podem influenciar negativamente seus alunos nesses mesmos aspectos devido ao seu exemplo. Mais do que tomar a motivação como uma obrigação, ela deve ser vista como uma inspiração.

A percepção de autoeficácia do docente está relacionada ao seu engajamento, à sua capacidade de gestão das relações em sala de aula, ao clima positivo no ambiente escolar, à eficácia dos alunos no seu componente e à eficácia da escola em geral.

Se a motivação do professor é tão importante para ele e para os seus alunos, como ele pode desenvolvê-la? Pela autorregulação, que é um processo consciente de direcionar pensamentos, sentimentos, comportamentos e ações para o seu propósito e o seu objetivo: não basta ser agente (planejar e agir), é preciso se autoexaminar, pensar sobre o funcionamento dos seus pensamentos (aspecto cognitivo), sentimentos (aspecto emocional) e comportamentos (aspecto atitudinal). Segundo Bandura (2008, p. 26), "para exercerem influência sobre si mesmos, os indivíduos devem monitorar o seu comportamento, julgá-lo em relação a algum padrão pessoal de mérito e reagir a ele, autoavaliando-se". É essa autoavaliação que nos calibra, nos faz avaliar nossos comportamentos com base em critérios morais próprios e sociais e nos recoloca no caminho dos objetivos que desejamos perseguir; é um processo motivacional porque pressupõe iniciativa pessoal e persistência diante de adversidades.

Quando uma pessoa desenha seu projeto de vida e estabelece objetivos, ela vivencia certo estado de desequilíbrio porque passa a valorizar aquilo que não tem, que quer alcançar. Esse desejo a mobiliza para agir e é equilibrado pela autorregulação.

Segundo Polydoro e Azzi:

> Os objetivos não ativam de forma automática as influências pessoais que governam a motivação e a ação, dependem de características, como: especificidade, nível de desafio e proximidade temporal. Os objetivos gerais são indefinidos e descomprometidos demais para que sirvam como guias e incentivos. Os objetivos desafiadores motivam o interesse e o envolvimento nas atividades. Os objetivos distais estabelecem o curso geral das metas do indivíduo, mas são muito distantes no tempo para representarem orientação efetiva para a ação no presente, especialmente se houver outras atividades interessantes concorrentes. (POLYDORO; AZZI, 2008, p. 151)

Em suma, não basta ter objetivos, é preciso delimitá-los e estabelecer prazos para eles de modo que contribuam para a motivação e impulsionem a ação. Objetivos muito genéricos (como "resolva o máximo de atividades que puder", em uma sala de aula), fáceis ou muito distantes ("dentro de dez anos", por exemplo) acabam sendo deixados de lado em meio às prioridades da vida cotidiana e, assim, se não houver motivação, determinação, autorregulação e autoeficácia, não se viabilizam. É importante destacar que o quesito facilidade/dificuldade é subjetivo; em uma mesma turma, uma atividade pode ser fácil para um aluno e difícil para outro, portanto é preciso identificar níveis de desafio de forma individualizada e não fazer comparações entre os estudantes.

Como é possível perceber, tanto a autorregulação quanto a autoeficácia são fundamentais não apenas para Projeto de Vida, mas também para a aprendizagem em todas as Áreas do Conhecimento e em todas as suas modalidades.

Os construtos de autoeficácia e autorregulação estão diretamente relacionados a autoconhecimento e autoconceito, entre outros que constituem a dimensão pessoal do PV, e devem ser desenvolvidos na escola, como previsto na Competência Geral 8 – Autoconhecimento e autocuidado, tanto para alunos quanto para professores:

> Conhecer-se, apreciar-se e cuidar de sua saúde física e emocional, compreendendo-se na diversidade humana e *reconhecendo suas emoções e as dos outros, com autocrítica e capacidade para lidar com elas*. (BRASIL, 2018, p. 10, grifo nosso)

> Conhecer-se, apreciar-se e cuidar de sua saúde física e emocional, compreendendo-se na diversidade humana, *reconhecendo suas emoções e as dos outros, com autocrítica e capacidade para lidar com estas, desenvolver o autoconhecimento e o autocuidado nos estudantes*. (BRASIL, 2020, p. 8, grifo nosso)

A capacidade de se autorregular é inata, mas é preciso desenvolver a consciência sobre ela para poder sistematizá-la e aprimorá-la com estratégias de ação. Temos as ferramentas para a nossa regulação, mas precisamos conhecê-las para poder usá-las com fins de aprendizagem e pessoais, como no Projeto de Vida.

Desenvolver a autorregulação e a autoeficácia não irá necessariamente garantir melhores resultados, mas proporcionará a reflexão sobre como lidar com eles e quais estratégias empregar para superar um desafio, colocando o indivíduo como protagonista da sua história e da sua educação, como aquele que identifica dificuldades e maneiras de saná-las tanto na escola quanto na vida.

A proficiência em se autorregular é passível de ser desenvolvida e começa pela tomada de consciência da capacidade de se desenvolver nisso e pelo direcionamento do que pensamos, sentimos e fazemos, de modo a atingir nossos objetivos.

Além da autoeficácia e da autorregulação, a percepção e o engajamento em prol de uma eficácia coletiva também devem fazer parte do projeto político pedagógico da escola: a gestão, todos os docentes e a comunidade escolar devem desenvolver crenças quanto a serem capazes de realizar conjuntamente os projetos dos alunos e de todos os envolvidos no processo de ensino e aprendizagem, unindo suas habilidades pessoais e agindo pela causa maior que é a educação. Trata-se, nesse caso, de agência coletiva, já que a autoeficácia é um construto pessoal e coletivo:

> As pessoas trabalham juntas, com base em crenças compartilhadas sobre suas capacidades e aspirações comuns, para melhorar as suas vidas.
> [...] as escolas desenvolvem crenças coletivas sobre a capacidade de seus estudantes de aprender, de seus professores de ensinar e de melhorar as vidas de seus alunos, e de seus administradores e conselhos de criar ambientes que levem a essas tarefas. As organizações que têm um forte sentido de eficácia coletiva exercem influências empoderadoras e vitalizadoras em seus participantes, e esses efeitos são palpáveis e evidentes. (PAJARES; OLAZ, 2008, p. 100, 104)

Autoeficácia, autorregulação e Projeto de Vida

Como visto, são evidentes as contribuições das crenças de autoeficácia e da autorregulação para a motivação, o desenvolvimento e o desempenho tanto de alunos quanto de professores, em especial para a construção e implementação de projetos de vida. As reflexões relacionadas a esses construtos se concretizam por meio da agência, do protagonismo.

Para mensurar esses construtos, podem ser propostas questões relacionadas a cada dimensão de PV, como sugerido a seguir. As indagações das dimensões pessoal e social podem ser aplicadas tanto a alunos quanto a professores.

- **Dimensão Pessoal**
  - Você se conhece?
  - (Re)conhece seus valores?
  - Identifica situações que o motivam?
  - Sabe qual é o seu propósito?
  - Analisa quais são suas atitudes diante de fatos ou das suas percepções deles?
  - Sabe quais são os fatores que influenciam suas escolhas?
  - Projeta e implementa objetivos que contribuem para o seu desenvolvimento pessoal? O que o motiva a realizar esses objetivos? E você se considera capaz de realizá-los?

- **Dimensão Social**
  - Você reflete sobre a influência do seu projeto de vida na vida das pessoas do seu entorno?
  - Consegue identificar o impacto do projeto de vida dos outros na sua vida?
  - Percebe as causas e as consequências das suas escolhas e das suas ações? E das escolhas e ações dos outros?
  - Identifica qual é a sua postura como cidadão?
  - É um exemplo e/ou um agente de melhoria do seu entorno?
  - Projeta e implementa objetivos que contribuem para o seu desenvolvimento social? O que o motiva a realizar esses objetivos? E você se considera capaz de realizá-los?

- **Dimensão Profissional**
  - Você reflete sobre o seu papel como educador? E sobre qual é o papel da educação na sua vida?
  - Você identifica e nutre o que o motiva nessa profissão?
  - É capaz de avaliar qual é o seu impacto na vida dos seus alunos e da sua comunidade escolar?
  - Projeta e implementa objetivos que contribuem para o seu desenvolvimento profissional? O que o motiva a realizar esses objetivos? E você se considera capaz de realizá-los?

Essas e outras questões contribuem para uma avaliação da atitude e da agência perante a vida e, portanto, perante seus projetos para ela, levando a um diagnóstico integral. As respostas a essas questões podem e devem variar ao longo de determinados períodos, em função de novos conhecimentos, escolhas, experiências e objetivos; são dinâmicas porque são vivas e, portanto, constantemente influenciadas por crenças e fatores internos e externos.

Como exposto nos outros capítulos, é possível desenvolver o autoconhecimento ao longo do trabalho com Projeto de Vida, dando subsídios para a resposta a esses questionamentos.

Somos agentes das nossas vidas e dos projetos para elas

O equilíbrio entre idealização do futuro, previsibilidade do que pode acontecer e exploração de fatos depende, em grande parte, da percepção e das atitudes de cada um. Como afirma Bandura (2008, p. 15), somos agentes de nossas vidas, podemos influenciar nosso funcionamento e as circunstâncias de vida de modo intencional.

É certo que nem sempre os objetivos previstos no PV podem ser alcançados, porque eventos fortuitos acontecem e mudam o rumo de nossas vidas. No entanto, a maneira como lidamos com eles é decisiva para torná-los oportunidades:

> A trajetória de uma carreira tem muitos coautores, e houve muitos pontos de mudança em que outras pessoas tiveram influência em minha carreira. O indivíduo tem muitas atitudes voluntárias para exercer um grau de controle sobre o autodesenvolvimento e as circunstâncias de sua vida, mas existe muito acaso nos rumos que as vidas tomam. De fato, alguns dos determinantes mais importantes nas histórias da vida ocorrem nas circunstâncias mais triviais. As pessoas muitas vezes são levadas a novas trajetórias de vida, relações maritais ou carreiras ocupacionais por meio de circunstâncias fortuitas. [...]
> A casualidade não implica falta de controle de seus efeitos. As pessoas podem fazer as coisas acontecerem, buscando uma vida ativa que aumente o número e o tipo de encontros fortuitos que terão. O acaso favorece os inquisitivos e os aventureiros, que frequentam

> lugares, fazem coisas e exploram novas atividades. As pessoas também fazem o acaso trabalhar para elas, cultivando seus interesses, possibilitando crenças e competências. Esses recursos pessoais possibilitam que tirem o máximo das oportunidades que surgem de forma inesperada. Pasteur colocou isso muito bem quando disse que: "o acaso somente favorece as mentes preparadas". O autodesenvolvimento ajuda as pessoas a moldarem as circunstâncias de suas vidas. Essas diversas atividades proativas ilustram o controle da casualidade por meio da agência. (BANDURA, 2008, p. 24, 26)

A percepção dos fatos e de nós mesmos pode ser desenvolvida; o autoconhecimento é a base para esse caminho que levará à autorregulação e à autoeficácia. Se podemos nos desenvolver na dimensão pessoal é porque contamos com pessoas e recursos que nos guiam nesse caminho. Como docentes, somos os profissionais que orientam o desenvolvimento dos alunos enquanto nos desenvolvemos, sendo retroalimentados por eles.

Nossos projetos de vida são nossos, mas, de certa forma, também das pessoas e dos fatos que cruzam nosso caminho. Nós determinamos o que fazemos com essas influências, já que elas são inevitáveis. Ser protagonista é ser agente da própria vida e dos nossos projetos para ela, e não apenas produto deles.

Se podemos aprender e ensinar sobre quais pensamentos e atitudes contribuem para a realização, somos educadores mais completos que visam, de fato, o desenvolvimento integral dos nossos alunos e o nosso.

Referências

BANDURA, Albert. A evolução da teoria social cognitiva. *In*: BANDURA, Albert; AZZI, Roberta Gurgel; POLYDORO, Soely. *Teoria social cognitiva*: conceitos básicos. Porto Alegre: Artmed, 2008. p. 15-41.

BRASIL. *Base Nacional Comum Curricular*. Brasília, DF: MEC, 2018.

_____. Ministério da Educação. *Resolução CNE/CP nº 1, de 27 de outubro de 2020*. Dispõe sobre as Diretrizes Curriculares Nacionais para a Formação Continuada de Professores da Educação Básica e institui a Base Nacional Comum para a Formação Continuada de Professores da Educação Básica (BNC-Formação Continuada). Brasília, DF: MEC, 2020.

BZUNECK, José Aloyseo. As crenças de autoeficácia e o seu papel na motivação do aluno. *In*: BORUCHOVITCH, Evely; BZUNECK, José Aloyseo (org.). *A motivação do aluno*: contribuições da psicologia contemporânea. Petrópolis: Editora Vozes; 2009. p. 116-133.

PAJARES, Frank; OLAZ, Fabián. Teoria social cognitiva e autoeficácia: uma visão geral. *In*: BANDURA, Albert; AZZI, Roberta Gurgel; POLYDORO, Soely. *Teoria social cognitiva*: conceitos básicos. Porto Alegre: Artmed, 2008. p. 97-114.

POLYDORO, Soely Aparecida Jorge; AZZI, Roberta Gurgel. Autorregulação: aspectos introdutórios. *In*: BANDURA, Albert; AZZI, Roberta Gurgel; POLYDORO, Soely. *Teoria social cognitiva*: conceitos básicos. Porto Alegre: Artmed, 2008. p. 149-164.

CONSIDERAÇÕES FINAIS

Roberta Amendola

Chegamos ao final dessa trajetória de estudo de si e da área de Projeto de Vida. Ela não acaba aqui, estas últimas páginas são apenas as primeiras das que você irá escrever no livro da sua vida e no dos seus alunos.

Projetar uma vida é mais do que ter sonhos e fazer planos: é se conhecer para saber quem se é e o que se quer, é entender que o seu modo de ser e o seu querer estão diretamente conectados com o seu entorno, é saber que estudar e trabalhar são fundamentais para se alcançar a vida projetada.

Fazer um projeto pessoal é um enorme desafio, e proporcionar essa aprendizagem a jovens em fase de tomada de decisões é ainda mais desafiador. Mas, não, não é impossível, nem distante, nem é preciso ter recursos tecnológicos ou formações específicas: as experiências de vida, os estudos como professor e o compromisso com a Educação são materiais mais que suficientes para ser exemplo e tutor dos seus alunos.

Ser professor de Projeto de Vida é se conhecer enquanto proporciona vivências de autoconhecimento para os estudantes, é entender a sua função na sociedade enquanto fonte de inspiração para eles, é ensinar aquilo que se está aprendendo com a melhor professora: a própria vida.

O professor de PV deve ser consciente que só pode dar o que tem – lembra do (auto)estudo, do qual falamos na "Introdução"? –; que as orientações aos alunos têm um limite (de tempo, de espaço, de responsabilidade pelas decisões, de aconselhamento etc.); que é preciso olhar os jovens como parte de um sistema maior, e não como indivíduos isolados; e, principalmente, que se deve aceitá-los e respeitá-los como são, sem julgamentos (ROMERO RODRÍGUEZ et al., 2013).

Se ser professor de PV é conduzir os alunos pelo caminho da própria elaboração de planos para o seu presente e o seu futuro, ser professor de PV não é ser o desenhista desses caminhos.

Trabalhar com PV é mais que ensinar um componente previsto na BNCC, é percorrer um caminho individual de reflexão e se deixar afetar pelos outros; é tentar explicar na teoria o que já se aprendeu na prática; é ser generoso para compartilhar palavras e aberto a oferecer ouvidos.

Projetar nem sempre é sinônimo de realizar, e ainda bem! Os objetivos mudam porque nós e o mundo mudamos. Educar para viver é legitimar a lógica nem sempre compreensível da vida: a impermanência deve ser companheira e é preciso estar preparado para ela.

No entanto, nesse caminho instável outros companheiros andam lado a lado: a família, os amigos e a escola. Saber se relacionar consigo e com os outros nem sempre garante o "realizar", mas torna o "projetar" e o "recalcular rota" mais leves e prazerosos.

Educar em Projeto de Vida é educar para o mundo e estar aberto a ele:

> "Preparar-se para a vida" – aquela tarefa perene e invariável de toda educação – deve significar, primeiro e sobretudo, cultivar a capacidade de conviver em paz com a incerteza e a ambivalência, com uma variedade de pontos de vista e com a ausência de autoridades confiáveis e infalíveis; deve significar tolerância em relação à diferença e vontade de respeitar o direito de ser diferente; deve significar fortalecer as faculdades críticas e autocríticas e a coragem necessária para assumir a responsabilidade pelas escolhas de cada um e suas consequências; deve significar treinar a capacidade de "mudar os marcos" e de resistir à tentação de fugir da liberdade, pois com a ansiedade da indecisão ela traz também as alegrias do novo e do inexplorado. (BAUMAN, 2008, p. 176)

Ensinar a ser, a conviver, a aceitar, a resistir, a se adaptar, a confiar, a desconfiar e a celebrar é ensinar Projeto de Vida.

Esta obra não encerra as reflexões sobre PV. Como seria possível colocar todas as dimensões da vida em algumas páginas? A vida, essa obra em constante escrita e edição, é composta por inúmeros capítulos e você é o autor da sua.

Nós, educadores escritores destas páginas, compartilhamos alguns capítulos de nossas vidas com você e estamos abertos a "ler" alguns capítulos da sua.

A muitas mãos, escrevemos nossos projetos pessoais, sociais e profissionais enquanto estamos ensinando e aprendendo, projetando e vivendo. Agora, deixamos a caneta e as folhas em branco com você. Qual é o seu projeto para o próximo capítulo da sua vida?

Referências

BAUMAN, Zygmunt. Educação: sob, para e apesar da pós-modernidade. *In*: *A sociedade individualizada*: vidas contadas e histórias vividas. Rio de Janeiro: Zahar, 2008. p. 158-177.

ROMERO RODRÍGUEZ, Soledad; JURADO JIMÉNEZ, Dolores; SUÁREZ-ORTEGA, Magdalena; PASCUAL GARCÍA, Leticia. Metodología para el desarrollo personal y profesional desde una perspectiva sistemática. *In*: PRÁCTICAS INNOVADORAS EN DOCENCIA UNIVERSITARIA: JORNADAS DE INNOVACIÓN DOCENTE, 2., 2013, Sevilha. *Anais* [...]. Sevilha: [s. n.], 2013.

OS AUTORES

BEATRIZ ANTONIASSI possui doutorado e mestrado em Ciência e Tecnologia de Materiais pela Universidade Estadual Paulista (Unesp, 2011, 2006), graduação em Ciências com habilitação em Química pela Universidade do Sagrado Coração (Unisagrado, 2003) e Pedagogia pela Universidade Nove de Julho (2019). Atualmente é diretora e professora da área de Ciências Exatas, Humanas e Sociais do Unisagrado. Ministra aulas e elabora material didático para os cursos de Engenharia, Biomedicina, Farmácia e Biologia. Seus projetos atuais de pesquisa envolvem: reutilização dos resíduos orgânicos através do processo de compostagem; coordenação do Projeto de Extensão Plantando Sorrisos; utilização de Espaços não Formais no Ensino; Ciência, Química e Resistência dos Materiais no Reaproveitamento dos Resíduos e Educação Ambiental. O início da sua carreira se deu no Ensino Fundamental e Médio e atualmente atua nesses segmentos através dos Projetos de Pré-Iniciação Científica (Pibic-EM-CNPq) e na elaboração da Feira de Ciências e Mostra Itinerante.

CARMEN LUIZA AMENDOLA é licenciada em Pedagogia pela Universidade Ibirapuera, com experiência em Educação, treinamento de equipes em Recursos Humanos e desenvolvimento de projetos de responsabilidade social. Possui formação em Gestão de Organizações do Terceiro Setor, pela Fundação Getulio Vargas (FGV), e em Estratégias de RH para Gestão de Pessoas em Instituições Culturais, pelo Centro de Pesquisa e Formação do Sesc São Paulo. Trabalhou como educadora voluntária na Associação Beneficente São José Operário, na cidade de São Paulo, atuando com crianças e jovens em situação de vulnerabilidade social, com foco em reforço escolar e Projeto de Vida. Foi professora alfabetizadora na Educação de Jovens e Adultos (EJA) em escola pública no interior de São Paulo.

FABIO MARTINS DE LEONARDO é licenciado em Matemática pela Universidade de São Paulo (USP). É editor e autor de materiais didáticos de Matemática há vinte anos, com destaque para as obras *Conexões: matemática e suas tecnologias* e *Moderna em projetos: matemática e suas tecnologias*, aprovadas no PNLD 2021, além da coleção Araribá Mais: Matemática, aprovada no PNLD 2020, e da obra *Vereda digital: conexões com a matemática*, destinada ao mercado privado.

JAIRO CÉSAR ALVES é graduado em Filosofia pela Unesp de Marília, São Paulo. Possui formação técnica em Dramaturgia pela SP Escola de Teatro e Centro das Artes do Palco, de São Paulo. Atua na rede estadual de Ensino Básico desde 2001. Foi professor auxiliar de Filosofia e Lógica no curso Análise de Sistemas e Tecnologias da Informação (Asti) na Fatec Ourinhos de 2002 a 2006. Desde 2014, é professor das disciplinas de Filosofia, Sociologia e Projeto de Vida na EEEI Maria Ribeiro Guimarães Bueno, no bairro da Saúde, em São Paulo.

MARGARITA ORTIZ-TALLO é doutora em Psicologia pela Universidad de Málaga, na Espanha, e Especialista em Psicologia Clínica. Foi professora titular de Psicopatologia na Universidad de Málaga durante 32 anos e ministrou cursos na Espanha e em diversos países. Publicou livros dedicados à docência universitária e se dedicou a divulgar a Psicologia coordenando publicações e escrevendo sobre temas psicológicos de interesse geral. Como pesquisadora, publicou em coautoria trinta artigos em revistas internacionais. Colaborou com a TEA Ediciones na adaptação de vários questionários, livros de casos e relatórios informatizados. Atualmente, dirige a Asociación Con.Ciencia – Escuela de Psicoterapia y Creatividad, em Málaga, cujo objetivo é desenvolver projetos de interesse social, programas de formação, fomentar pesquisas e elaborar ferramentas educativas inovadoras.

MARTA FERRAGUT é doutora em Psicologia pela Universidad de Málaga, na Espanha, e especialista em Psicologia Infantil e Juvenil. Dedicou seu trabalho à pesquisa e ao atendimento das etapas da infância e da adolescência. Na sua experiência no âmbito clínico, dirigiu seus esforços para as características positivas nos primeiros anos de vida, como as fortalezas e os valores, centrando sua pesquisa na Psicologia Positiva como forma de prevenção. Está em constante contato com colaborações internacionais para a investigação e geração de recursos para a sociedade. Atualmente é pesquisadora principal de um projeto de pesquisa financiado com fundos europeus na Universidad de Málaga, com experiência em docência universitária e cursos para escola regular e adultos. É secretária da Asociación Con.Ciencia – Escuela de Psicoterapia y Creatividad, em Málaga, que trabalha na elaboração de materiais didáticos e educativos para a prevenção de violência infantil e a busca do bem-estar na infância.

PETRINA SANTOS há dez anos atua com sustentabilidade aplicada, cidadania corporativa e Educação, com larga experiência nacional e internacional. Foi conselheira do Brasil na Organização das Nações Unidas (ONU) em Nova York para o High Level Political Forum (HLPF) e no Y20 (G20 Summit China), dentre outros fóruns. Como executiva em ESG e Sustentabilidade, tem seu trabalho reconhecido pelo US Department of State, ONU e Governo do Estado de São Paulo. É gestora ambiental de formação, com MBA em Engenharia (Certificação Black Belt) pela Universidade Federal de São Carlos (UFSCar). Completou sua educação executiva com foco em gestão, inovação e negociação pela Fundação Dom Cabral, pela Nova Business School e pela London School of Economics and Political Science (LSE), pela qual é considerada Woman Emerging Leader.

ROBERTA AMENDOLA é mestra em Educação pelo programa de Educação, Psicologia e Linguagem da Universidade de São Paulo (USP). Cursou Máster en Edición na Universidad Complutense de Madrid, na Espanha. Possui bacharelado e licenciatura em Letras Português-Espanhol pela USP, pós-graduação em Ensino de Espanhol para Brasileiros pela Pontifícia Universidade Católica de São Paulo (PUC-SP) e Aperfeiçoamento para Executivos do Mercado Editorial pela Fundação Instituto de Administração, da USP, e pela Câmara Brasileira do Livro (FIA-USP/CBL). Está cursando pós-graduação em Computação Aplicada à Educação pela USP. Possui formação em Gestão de Organizações do Terceiro Setor, pela Fundação Getulio Vargas (FGV), e Aperfeiçoamento em Orientação Educacional (Psicopedagogia – Orientação Pedagógica e Profissional) pela Confederación de Organizaciones de Psicopedagogía y Orientación de España (Copoe), na Espanha. Autora da obra de Projeto de Vida para o Ensino Médio aprovada no Programa Nacional do Livro Didático (PNLD) 2021: *GPS: guia de protagonismo no século XXI*, publicada também no mercado privado pela Editora Moderna e no sistema de ensino UNO/SFB. Autora do conteúdo de Projeto de Vida do Recurso Educacional Digital (RED) de Ciências, aprovado no PNLD 2024, pela Editora Moderna. Autora de conteúdo digital e inteligência pedagógica de personalização com base em Projeto de Vida para Ensino Médio para a Plataforma Educacional Edusfera, da Editora Santillana, e das obras paradidáticas *Aprendiendo sobre los juegos olímpicos* e *Learning about Olympic Games*, publicadas pelas editoras Santillana Español e Richmond, respectivamente, além de diversos capítulos de materiais didáticos e de obras de formação de professores. Foi a editora executiva responsável pela primeira coleção de ensino de Língua Espanhola com princípios de Projeto de Vida no Brasil: *Travesía Español*, publicada pela editora Santillana Español. Foi colunista do blog educacional Espacio Santillana Español.